歴史文化ライブラリー

79

幕末民衆文化異聞

真宗門徒の四季

奈倉哲三

吉川弘文館

原則として、初版で掲載した口絵は割愛しております。

目次

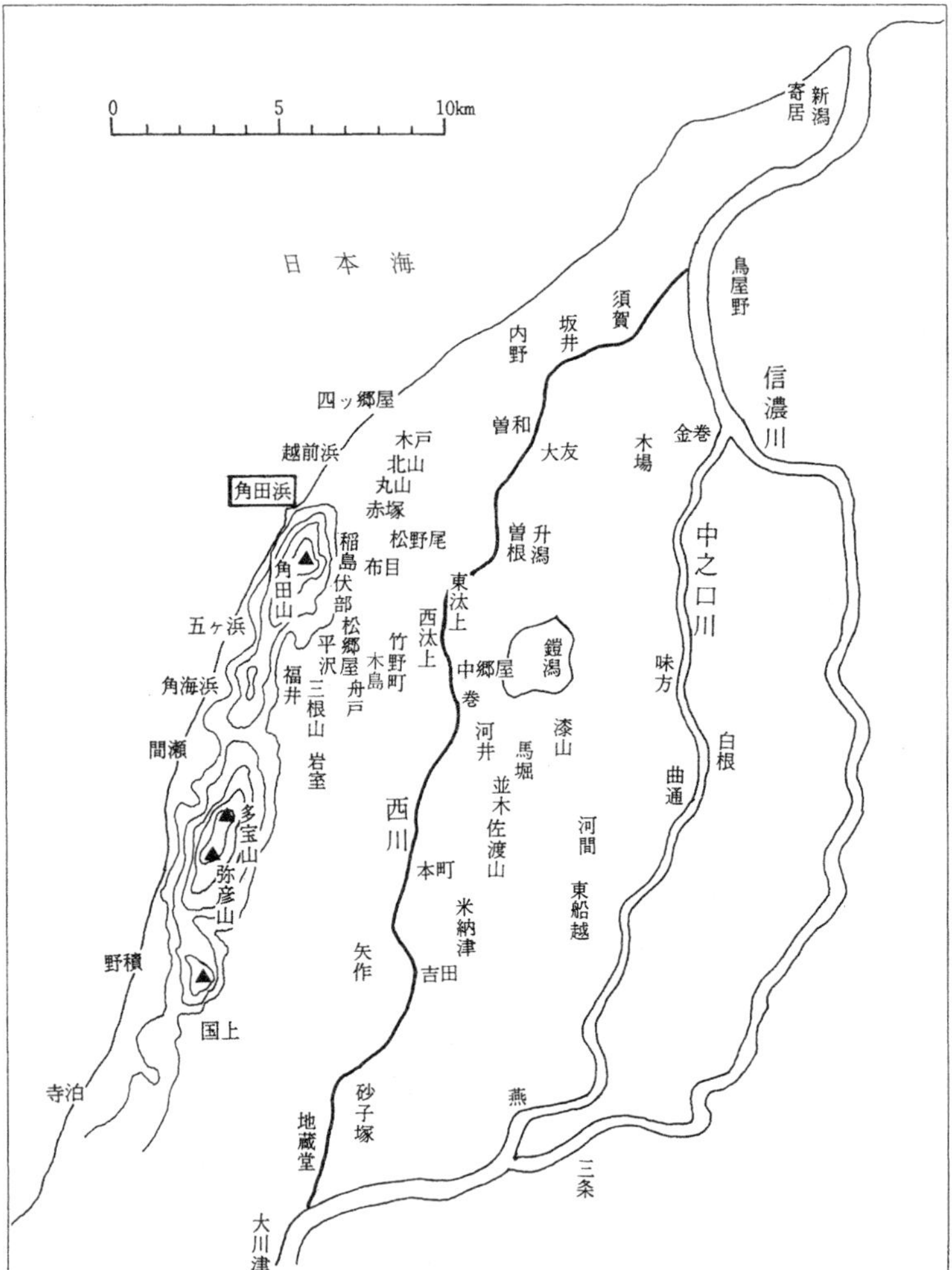
0
5
10km
日本海
新潟
寄居
鳥屋野
須賀
坂井
内野
信濃川
四ッ郷屋
曽和
木戸
大友
木場
金巻
越前浜
北山
丸山
角田浜
赤塚
松野尾
曽根
升潟
稲島
布目
角田山
中之口川
東汰上
伏部
西汰上
五ヶ浜
松郷屋
竹野町
鎧潟
平沢
木島
中郷屋
味方
角海浜
福井
舟戸
三根山
巻
河井
漆山
白根
間瀬
岩室
馬堀
曲通
並木
西川
多宝山
佐渡山
河間
弥彦山
本町
米納津
東船越
矢作
野積
吉田
国上
寺泊
砂子塚
燕
地蔵堂
三条
大川津

本書関係地図

1　幕末民衆文化異聞論

幕末民衆文化異聞論

本書は民衆思想史の新たな試みの書である。と同時に、常識的な「民俗学的」日本文化論に対するささやかな挑戦の書でもある。

歴史学における民俗

歴史学が「民衆」を対象とし、「民衆史」が歴史像再構成の重要な部門となるに至って、確実に民衆世界の事柄である民俗的事象もまた、歴史学の重要な対象となってきた。しかも、民俗的事象が民衆世界の一要素であるに留まらず、民俗なるもののありようが、とりわけ「近代化」を迎える中で、地域から国家までの秩序を構築する上で、まさしくその時代の民衆自身と国家構想者との間の、重要な抗争点の一つとなっていったことは、近年の一連の研究が明らかにしているとおりである。

日本近世から近代にかけての研究で、この方面の泰斗《たいと》である安丸良夫は、「文化の戦場としての民俗」という論説で、次のような見解を表明している。

日本の歴史学では、民俗的なものの研究は民俗学という学問の領域とされ、民俗学の側では、国家の政策や近代化の問題はその学問的対象の外にあるものとされる傾向は今も根強いが、しかし、民俗、とりわけ広義の宗教的なそれをめぐる対抗こそが、地域・民衆・伝統文化と国家・エリート・文明の対抗のもっとも具体的な核心だったのではないか（安丸『〈方法〉としての思想史』校倉書房、一九九六年）。

安丸のこの論点は、読みようによっては「民俗」に過度の思い入れがあるようにもとれるが、それが過度かどうかは、そもそも「民俗」の世界をどの様なものと捉えるかにかかっている。安丸が、ここで「とりわけ広義の宗教的なそれ」と言っているように、また安丸自身の多くの仕事が示しているように、「民俗」の世界を広義の宗教的なものに想定した場合、例えば、維新変革における「神仏分離」とそれに続く「文明開化」とが、相手とした世界である「民俗」の、その宗教的・信仰的姿を想定した場合、その相貌は国家構想者にとっては許容しがたいものだったのであり、そこに、国家構想者と民衆との間に激しい抗争が展開し、その結果、民俗の姿は重大な変貌を余儀なくされたのであった。

ただ、こうした捉え方が実際に説得的であるためには、言うところの「民俗」の世界が、どれほど具体的・詳細に提示されるかにかかっている。もっとも、「民俗」の世界は、いったんその世界に入り込むと、実態の静態的な描写や単なる事実の羅列に終始することになりかねない世界である。それは、たとえ先の課題意識をもって対象に迫ったつもりでも、対象それ自体が民衆の日常的世界そのものである以上、その限りにおいて、静態的な描写となること自体は、むしろ当然なことだからである。

だが、敢えて、一見したところは静態的な描写をとってでも、いったんは日常的世界を描き切る必要があると考えている。これは、じつは描写・叙述の問題ではなく、歴史把握の問題なのである。つまりは、民衆の日常的世界としての「民俗」、その宗教的・信仰的な側面の具体的かつ詳細な把握なしに、国家と民衆の対抗点なるものの把握も、より本質的にはなし得ないからである。また、さらには、民衆の日常的世界の具体的・詳細な把握なしには、そこをステップとすべき歴史の変革への展望も見い出し得ないからでもある。

本書は、そうした視点から幕末蒲原《かんばら》の真宗民俗を描き切ることを目的としたものである。その結果は、おそらくは従来描かれてきた幕末民衆世界の信仰像に一定の修正を迫ることになるであろう。本書のタイトルを「幕末民衆文化異聞」とした所以《ゆえん》である。

『年中故事』

ここで、本書を理解していただくための基本的な事柄を提示しておく。

本書は、越後国蒲原郡角田浜《えちごのくにかんばらぐんかくだはま》村（新潟県西蒲原郡巻町角田浜《にいがたけんにしかんばらぐんまきまちかくだはま》）に住した、浄土真宗西本願寺派願正寺《がんしょうじ》の聞理《もんり》が、弘化三年（一八四六）正月から慶応二年（一八六六）四月まで、二〇年あまりにわたって記した『年中故事《ねんちゅうこじ》』（原本六巻、巻町郷土資料館蔵、巻町双書35・36『角田浜願正寺年中故事』前編・後編として巻町教育委員会より刊行）を根本史料とし、他の願正寺文書および同所大越家文書を補助史料とし、その上に他史料・文献を重ね、信仰史的・生活史的事実を析出していったものである。

この時期の角田浜村の願正寺同行《どうぎょう》（檀家の意、真宗では共に歩む念仏の行者の意味で「同行」の語を使っている）は九七戸、他に越前浜《えちぜんはま》村西遊寺《さいゆうじ》（東本願寺派）の同行が二二戸、松野尾《まつのお》村善正寺《ぜんしょうじ》（東派）の同行が四戸、岩室《いわむろ》村慶覚寺《ぎょうかくじ》（西本願寺派）の同行が三戸で、以上一二六戸がすべて真宗同行の家で、他二〇戸はすべて村内日蓮宗妙光寺《みょうこうじ》の檀徒であり、村内真宗戸の率は約八六％である。また、角田浜以外に拡がる願正寺同行は、稲島《とうじま》村に非戸主同行（女衆）を含む全同行戸数三八戸、松野尾に二一戸、松山村に一二戸と続き、あと十数か村に散らばる近村の全同行数は一七三戸を数える。また五ケ浜《ごかはま》の全願正寺同行戸数は六二戸あるが、大半が半檀家《はんだんか》（複旦那《ふくだんな》）で、他の真宗寺院同行との混成の戸である。

四季の信仰と生活

春——職人門徒の太子講と説教が楽しみな春彼岸

年始・御堂参詣

元旦、角田浜村願正寺《がんしょうじ》同行《どうぎょう》の一年は、一家の主《あるじ》が、村の庄屋大越《おおこし》家への年始の挨拶と、そのすぐ筋向いにある願正寺本堂への仏参、それと集落からはずれた角田山際にあるもう一つの寺、宗風の対照的な日蓮宗妙光寺《みようこうじ》への挨拶に回ることとで明ける。願正寺同行が妙光寺と争論をしていた弘化三年（一八四六）と四年だけは同行は妙光寺へは行かなかったが、平年は妙光寺にも挨拶にだけは回っていた。また、同行の惣代でもある大越家が忌中の場合には大越家への年始を省くが、願正寺住職が忌中の場合でも仏参はけっして中止せず、御堂に参詣し、伴僧《ばんそう》などの役僧《やくそう》に挨拶をしている。これは、願正寺への仏参が、住職乙山《おとやま》家に対する年始としてあるのではなく、あくまでも本堂御宮殿《ごくうでん》に安置されている本尊、阿弥陀如来への参詣としてあることの表れである。

二日は女房中が前日の亭主と同様に、庄屋家への年始と願正寺への仏参を果たす。このとき、女房らは仏供米《ぶくまい》を持参し、上納する。仏供米の量は記されていないが、盆と報恩講中の記事から、このときも米一升を袋に入れ、下げてきているものと思われる。上納を済ませた女房には、酒や屠蘇《とそ》が振舞われるので、中にはほろ酔い気分で帰宅する者もいる。

また、角田浜や五ヶ浜《ごかはま》などの浜方《はまかた》以外、稲島《とうじま》・松野尾《まつのお》・松山・丸山などの平野部在方《ざいかた》同行が願正寺へ仏参するのもこの日二日である。これらの者にも酒や屠蘇が振舞われるため、願正寺世話方の女房中など四～五人は、台所や裏方助力のための「はたらき」として動員される。一方、願正寺以外の近村の真宗寺院を師匠寺《ししょうでら》とする角田浜の亭主たちは、この日、在方同行の願正寺仏参と入れ違いに、それぞれの師匠寺への仏参に出かける。

三日は、在方遠方各方面の同行の家々に、願正寺のほうから、何手かに分かれた役僧や新発意《しんぽっち》（住職後継者・若住職）らが挨拶回りにやってくる。

ところで、冬の厳しい日本海に面した角田浜では、弘化年間頃までは十二月と正月上旬は休漁であるが、安政六年（一八五九）十二月からタコ漁が本格化しており、海が凪《な》いでいれば正月も三日頃には船を出しており、浜の状態がよければ地引き網漁も開始している。

文久二年（一八六二）の正月元旦は、余りに海面が静かだったため、仏参をそそくさと済まし、村中で「タコ箱操《ぐり》」に出ている（タコ漁については、冬、報恩講タコ漁の項参照）。

四日は、角田浜の村中の門徒一軒一軒に、駕籠に乗った願正寺住職が、少ないときでも四～五人、多いときには一〇人～一二人もの従者を従え、新年の挨拶に回って来る。従者といっても、多くは普段から願正寺の様々な仏事を支えている世話人達で、村の中では顔役の面々である。このとき、従者となった村の顔役は、願正寺の紋を染め抜いた「かんばん」と呼ばれる紺地の法被《はっぴ》を着込み、煎餅を一軒一軒配って歩く。また年によっては「モノモウ」（「物申す」に由来する）と呼ばれる、門口に立って願正寺一行の到来を告げる者を一人二人雇って先触れに立たせたり、草履取などを従えたりもして、かなり大げさな年頭挨拶となる。

しかし、願正寺聞理《もんり》は、この四日の住職による村中回りを、幕末もいよいよ押し詰まった時期には、不穏などの事情により、弟の興麟《こうりん》や役僧だけが回る略形式にしている。安政五年は「村方不穏に付き」という理由で、現住職聞理自身（「現住」と略記することが多い）の年始を中止し、代わりに役僧の方隆《ほうりゅう》を遣わしている。安政七年（万延元年、一八六〇）にも「村内不穏に付き」ということで妙光寺と村内の年始を中止。文久三年には「公辺《こうへん》も不穏」で「村中にても年礼は仏参役宅のみ」であるため、現住の年始を中止して伴僧法歓を派遣している。この記事から、村民は今までは村中相互に年始をしていたのが、庄屋などの役宅と願正寺への仏参だけになってきていることが窺える。「公辺不穏」を背景に有した「村方不穏」「村内不穏」には、村内の階層対立の激化が十分に想像される。

元治元年（一八六四）には、前年の江戸城西丸・本丸の両度火災と将軍の田安家仮住い、さらには暮れになっての将軍の再度の上洛などの情報を得た聞理が、そのことを理由にあげ、つまり公儀と世上および村方の不穏を考え、住職による村中への年始を中止、弟の興麟と役僧法歓とで済ませている。また、元治二年（慶応元年）も、「未だ世上不穏に付き」ということで中止、興麟と法歓《ほうかん》とで済ませている。

こうした聞理の対応のあり方には、寺院住職の村方に対する年始も、「公辺」や村方の安穏あってこそのものであり、「公辺」の不穏（体制の動揺）の前には憚るべきという、慣習的な儀礼に対する自分なりの意義付けを見ることが出来る反面、その意義付けの内容には、「公辺」の安穏、体制の安定こそを願う、守旧的な発想が見てとれる。このような、幕末の「住持《じゆうじ》年礼延引」という、一見したところわずかな変化の中にも、村落の慣習の中に伝統として潜む秩序維持的な儀礼が、急速に崩れ行く動きを見て取ることが出来る。

真宗独自の法事

五日は真宗特有の年回法事が村で始まる日である（嘉永三年は三日から）。この時期、願正寺ではそれぞれの家の忌日には一切関わりなく、角田浜の同行でその年が年回の年にあたる家のほとんどに、寺院住職もしくは新発意が一軒一軒巡回する形態の法事を執行していた。この日から二月上旬ころまで一日三～四軒の家で執行される。また、五ヶ浜村の同行は、安政三年（一八五六）以前は三日に、四年以後は六日に、揃って願正寺へ年始仏参に訪れているが、そのなかの年回該当家の主がこぞって本堂に上がり、いわゆる「上法事《あげほうじ》」を共同で執行している（真宗の年回法事については拙稿「近世後期真宗法事の実態と意義」『仏教史学研究』三五―一・二、一九九二年参照）。

六日は、角田山で遮られ陸路が危険な五ヶ浜へ、願正寺が役僧などを年始に遣わす日。海路をとることも多いため、海荒れの年は遅れる。安政四年以後八日以降になっている。

七日は、村中の惣百姓（亭主のみ）が庄屋大越の役宅前に集まり、「五人組帳前書」などの幕法を読み聞かせられる。そのため、村のすべての仏事は休みとなる。

十一日は、文政九年（一八二六）十二月十二日に歿した西本願寺前門主本如《ほんにょ》の初逮夜《はったいや》である。安政五年（一八五八）以前は確認できないため、本山での三十三年回（安政五年）を機に、各末寺で執行が促された結果と思われる。願正寺では安政五年三月十五日から十七日まで三十三年回を執行、これ以後、例年一月の月忌逮夜《がっきたいやび》日に法要が執行されている。
参詣人はいたって少なく、ほんの数人である。万延二年（文久元年）だけは、ついでに上法事を願った者が多数あったため三二人になり、「勝手大混雑」という状況であった。同行門徒の多くは、本如初逮夜だけでは参詣などしていられないという意識である。

職人門徒の太子講

二十二日は、角田浜の職人門徒の講、太子講が賑やかに執行される日である。聖徳太子の忌日は二月二十二日であるが、その前後に、職人の多くが出稼ぎに旅立ってしまうため、一か月早く執行しているのである。また、出稼ぎ中の報恩講《ほうおんこう》（十一月）に参詣できない彼らにとっては、二か月遅れの報恩講でもある。

この太子講には職人門徒の大半が参集するのであるが、近隣・遠方から真宗説教者《せっきょうじゃ》がやって来て、独特の節回しと渋い声で聴かせる節談説教《ふしだんせっきょう》の名演が聴けるときには、職人門徒に限らず同行門徒は群参する。嘉永三年（一八五〇）の正月二十二日には、説教の上手なことで近隣に知れ渡った大友村（新潟市大友）の円光寺慶天《えんこうじぎょうてん》が、「法然伝《ほうねんでん》」「中将姫《ちゅうじょうひめ》」などを演じた。慶天はこの後、親鸞初逮夜《はったいや》の二十七日を含む二十九日朝まで何回か説教している。参集した同行門徒たちは、説教の巧拙にしたがって、思いのままに賽銭を投げる。このとき同行らが投じた賽銭は全部で銭一〇貫五三一文になった。御座を提供する願正寺はこの賽銭を説教者と半割し、賽物《さいもつ》として取得する決まりになっている。このときも銭一〇貫五三一文を半割にし、慶天には金に換算して三分と銭四三二文を渡している。

嘉永七年（安政元年、一八五四）には、川口《かわぐち》（三島郡寺泊町町軽井《さんとうぐんてらどまりまちまちかるい》）の常禅寺雲晴《じょうぜんじうんせい》が二十六日まで説教、賽銭六貫九三〇文が投げられた。翌安政二年にも雲晴が親鸞月忌日《かっきび》の二十八日まで説教し、賽銭は金に換算して四分と銭八一八文になった。安政四年には、また大友円光寺が来て二十八日まで説教、賽銭は金四分と銭一貫八八文になった。

ところで、嘉永三年正月二十二日の太子講で、大友円光寺慶天が演じて人気を博した説教「法然伝」と「中将姫」とはどんなものであろうか、説教の座に連なって楽しんだ同行門徒に今少し迫るため、その内容を把握しておこう。

法然伝

法然は言うまでもなく浄土宗の開祖であり、近世において浄土宗寺院と真宗寺院とでは同行とともに繰り広げられる信仰的生活においてその差異は歴然としている。しかし、「よきひと（法然上人）のおほせ（仰せ）をかふりて（蒙りて）信ずるほかに、別の子細なきなり」と言い、さらに、「たとひ法然聖人にすかされまひらせて、念仏して地獄におちたりとも、さらに後悔すべからずさふらふ」（『歎異抄』）とまで言いきったように、親鸞にとって師法然は、弥陀への帰依故に絶対の存在であった。

このような、法然に対する親鸞の尊崇の念は、近世期の一般門徒の世界においても、親鸞伝絵《でんね》の絵解き（口絵および一一三ページ参照）や、報恩講での「御伝鈔《ごでんしょう》」拝読（一七六ページ参照）などによって、十分に知られていたが、「法然伝」それ自体が節談説教で演じられることもしばしばあったのである（ただし、「法然伝」の絵解きの方は、「法然上人絵伝」の種類・数とも多いものの、巻物形状が多く、「親鸞伝絵」のような絵解き用の掛け軸になったものが少ないため、真宗寺院ではあまりおこなわれていなかったようである）。

ただ、慶天がこのときに演じた節談説教「法然伝」の、台本の基である「法然上人伝」自体、その種類がきわめて多く、どの「法然上人伝」を基とした説教台本なのかはまったくわからない。しかも、多く流布した「法然上人伝」も、それを基とした説教台本「法然伝」も、非常に長いものが多く、演ずるときにはその一段だけを取り出して演ずるため、その日に慶天が演じたものを特定することなどはまったく不可能である。

そこで、ここでは、その日に慶天が演じたものがどれかはともかくとして、近世の漁村角田浜で演じられる可能性がきわめて高い一段を、真宗寺院の中にも多く流布していたと見られている「法然上人伝」の中から紹介することによって、角田の職人同行に一歩でも近づこうと思う。

高砂の浦に着かれる事

播磨国高砂《はりまのくにたかさご》の浦につき給ふに、人おほく結縁《けちえん》しけるなかに、七旬《しちじゅん》あまりの老翁、六十あまりの老女夫婦なりけるが申しけるは、わが身はこの浦のあま人(海士)なり、おさなくよりすなどりを業とし、あしたゆふべに、いろくづの命をたちて、世をわたるはかりごとゝす。ものゝ命をころすものは、地獄におちてくるしみたえがたく侍るなるに、いかがしてこれをまぬかれ侍るべき、たすけさせ給へ。とて、手をあはせてなきけり。上人あはれみて、汝らがごとくなるものも、南無阿弥陀仏ととなふれば、仏の悲願に乗じて浄土に往生すべきむね、ねんごろにおしへ給ひければ、二人ともに涙にむせびつゝよろこびけり。上人に仰せをうけたまはりてのちは、ひるは浦にいでて、手にすなどりする事やまざりけれども、口には名号をとなへ、よるは家にかへりて、二人ともに声をあげて終夜念仏する事、あたりの人もおどろくばかりなりけり。ついに臨終正念《しょうねん》にして、往生をとげにけるよしつたへきゝ給ひて、機類万品《きるいばんぴん》なれども念仏すれば往生する現証《げんしょう》なりとぞ、おほせられける。

「法然上人行状絵図」井川定慶集解『法然上人伝全集』

引用の下《くだ》りは、法然上人が流罪の宣下《せんげ》を受け、配所土佐に赴く途中、播磨国高砂の浦で漁師夫婦の苦しみの問に答え、念仏の信仰に導くところであり、後に法然がまたその結果を伝え聞くという構成になっている。文中「いろくづ」は「鱗」のことで、転じて魚の意。「すなどり」は「漁」の古訓で、漁一般を言う。

出稼ぎ職人の太子講とはいえ、角田の同行はやはり漁業を生業の基本としている。近世の後期という時期、漁師一般が日々の漁を殺生として意識し、その罪業に苦しんでいたと考えることにはやや無理があると思われる。だが、この先門徒の一年間を詳細に見ていくことでわかるように、しょっちゅう真宗の法座に連なって、人間の罪業の深さと弥陀の救いのありがたさを聴聞している真宗門徒の世界のただ中にあっては、やはり、「あしたゆふべに、いろくづの命をたちて、世をわたる」者として、「地獄におち」るのではないかという不安が、ときおりふっと胸をよぎるということはあったと考えてよいだろう。

そうした世界にあって、節談の説教で、物語性・音楽性豊かに、親鸞の師法然の一生が語られる中で、近世角田の同行もまた、中世播磨高砂の漁師が安心したように、やはり念仏に専念すれば往生が遂げられるのだと改めて聴いて安心し、喜んで念仏を称え、終わっては賽銭を投げたのであろう。聴聞に連なった説教の聞き手大衆が、説教者の名調子に合わせて称える「受けの念仏」(「合いの念仏」)が聞こえてくるようである。

図1　法然絵伝（知恩院蔵、中央公論社版「続日本の絵巻」『法然上人伝』（中））

中将姫

さて、もう一つの「中将姫《ちゅうじょうひめ》」とは、「中将姫御本地《ごほんぢ》」「当麻曼荼羅《たいままんだら》」「当麻寺縁起」などの名で知られた浄土信仰説話である。中世末期から能・謡曲の世界に登場し、奈良絵本《ならえほん》になって上流階級の子女に広まる一方、説経節《せっきょうぶし》によって庶民世界に浸透した。さらに近世全時期を通じ、絵解き説教・節談説教として民衆の中で演じられ、中後期以降には浄瑠璃・歌舞伎にも取り入れられる一方、青本など大衆読み本の世界にも進出した。時期・ジャンルによって話の運び方にかなりの違いがあり、ものによっては継子虐め譚《ままこいじめたん》（中将姫が継母の讒言《ざんげん》によって雲雀山《ひばりやま》に捨てられる段）などが山場となっているものもあるが、もともとの話の筋だけを言えば、横萩《よこはぎ》の右大臣豊成卿《とよなりきょう》の娘中将姫が、大和国当麻寺《たいまじ》に出家、念仏を称えていると尼僧が現われ、尼僧とともに蓮糸《はすいと》で浄土の曼荼羅を織りあげ、さらに念仏に専念していると阿弥陀如来の来迎《らいごう》にあい、極楽浄土に往生したというものである。

円光寺慶天が語ったのは節談説教であろうが、節談の台本善本は見い出せない。そこで、台本上は節談説教の祖型が多い分野、古浄瑠璃《こじょうるり》の正本《しょうほん》から、出来るだけ話芸性と宗教性の高いものを選ぶことで、願正寺本堂での説教に近づきたい。引用はかなり長くなるが、雰囲気の違う山場を数か所取り出し、話の筋もたどることによって内容把握に努めよう。

まず出だしは「それ念仏往生は十悪《じゅうあく》五逆《ごぎゃく》を選ばず、十声一生《じっせいいっしょう》を以てすと云々」という他力念仏信仰の言葉に始まり、つづいて、「仁義正しく慈悲心深い」右大臣豊成卿に「容顔ことに麗《うるわ》し」い中将姫が生まれ、姫三歳の折りに生母が亡くなり、十三歳の頃、姫の勧めによって豊成は後室を貰い、姫は継母に孝行の限りを尽くす。また豊成には、春時とその息子八郎みつはるという発明で勇士の臣下がおり、君を敬い万民を哀憐すること深く、ために豊成の威勢は喩えようもない程であること、その一方、三条の蔵人頼実《くろうどよりざね》という「身に錦繍《きんしゅう》を纏《まと》う」「あくまで奢《おご》る公卿《くぎょう》」がおり、この頼実には、左右衛門ただゆき・源太くにとし・与市いえつぐ・入道かんせいという家来がいたが、君臣揃って昼夜酒宴に耽っていた、という物語の設定が語られる。

話は、頼実がなんとしてでも中将姫を妻に迎えようとして、豊成卿の館に家来を送り込むが失敗、その強引なやり方に憤慨した八郎が頼実の屋敷に乗り込み、四人の家来らをさんざんに懲らしめて帰る、というところから展開しはじめる（以上、第一段）。

頼実側は復讐をはらして姫を捕らえてでも妻にと機会を窺っていたが、豊成と中将姫の一行が吉野の桜見物に出掛けたところを狙い、三百余騎もの兵を従えて一行に襲いかかる。そのところから引用しよう。

頼実の野望砕かる

豊成の御方には上を下へと返す。されども八郎みつはる真つ先に進み出《いで》、何者なれば狼藉《ろうぜき》や、これは横萩《よこはぎ》の右大臣豊成公《うだいじんとよなりこう》にて渡らせ給ふ。人違《たが》ひにてはなきか。その時かんせい一陣に駒駆《こまか》け出し、愚かや、汝先日の意趣を忘れたるか、すみやかに姫を渡せ、ただし立て合ふものならば一人も余さじ、と弓《ゆん》杖《づえ》にすがつて罵《ののし》つたり。八郎聞いて、さては臆病至極《おくびようしごく》の頼実《よりざね》が還俗《げんぞく》なげにまこと見忘れたり、御辺《おへん》はいつぞやそれがしに思ふ様《さま》投げられ、憂《う》き目に遭《あ》はれし御坊《ごぼう》よな、こへどにおゐてはおのれら一家が首は皆、此方《こなた》へ受け取る也、とりわけ己《おのれ》が坊主首《ぼうずくび》は八郎が引き抜くぞ、かまひて〳〵わするゝな、と太刀抜ひて打ちてかゝれば、……

『平家物語』宇治川の合戦には及ばないとしても、きわめてリズミカルな合戦ものの口調で迫ってくる。話はしかし、豊成方にとっては多勢に無勢、敗戦濃厚となったところ、

豊成の侍《さむらいども》 共如何なる心やありけん、御台姫君《みだいひめぎみ》の御輿《おんこし》をかき、頼実の陣所《じんしょ》へ来たり、是《これ》は右大臣豊成の侍《さむらい》、主《しゅう》を恨むる事あり、御台姫君御供申し、降人《こうじん》に参り、命を助け給はれと、声々にぞ呼ばはりける。侍共受け取り、頼実へ斯《か》くと申す。件《くだん》の趣《おもむき》聞き給ひ、天晴《あっぱ》れめでたし天の与《あた》へ、此方《こなた》へと二つの輿《こし》を近く寄せ、今此の節に到つて姫は所望《しょもう》にあらねども、思ひ掛けし一念を散《さん》ぜし事の嬉しやな、それ引き出せとありけ

れば、ただゆき、くにとしたち掛かり、既に輿に手を掛くる所に、輿の内より春時親子跳んで出、左右衛門源太が(を)真つ向二つに切り割つたり。これはと慌《あわ》てふためく所を、黒白微塵《こくびやくみじん》にほつ散らす。その中にかんせい、春時親子にほつ詰められ、味方敗北に及びければ、都に上り豊成のことを讒奏《ざんそう》せばやと、頼実を伴《ともな》いて、揉《も》みに揉《も》ふてぞ上りける。八郎、側よりつつと出《い》づれば、はつと驚きとつて返すを、すかさずひつ組み、とつて押さへたそのとき、かげとき(春時)頼実を引き伏せ、二人共にちつとも働かせず、八郎いかつて、如何《いか》に入道《にゆうどう》、最前己《さいぜんおのれ》が首はこの八郎が受け取ると高言云ひしは、これこゝのことぞ、覚《おぼ》へたか、と頭微塵《こうべみじん》に打ち砕《くだ》く、春時すかさず頼実が首、水も溜《た》まらず打ち落とす。……

と、春時・八郎親子の知略にたけた働きで、豊成卿・中将姫は無事に都に帰ることができる（以上第二段）。

ここから話は一転し、中将姫を疎《うと》んだ継母が、策略を仕組んで豊成に讒言《ざんげん》する。謀り事とは知らずに豊成は姫の素行を疑い、雲雀山《ひばりやま》に追放の上、首を打ち落とすように春時に命ずる。輿に乗せられ雲雀山に連れて行かれた姫は、君命によってお命を取らせていただくと、涙ながらの春時から聞かされ、覚悟する。

中将姫雲雀山の難

扨々《さてさて》是非《ぜひ》なきことかな、我が身に曇りはなきものを、憎しと思し召されなば、嘆《なげ》くまひぞよ我が心、死する命は露塵《つゆちり》程も惜しからね共、無実の讒《ざん》にて空しくなり、後々までも人々の嘲《あざけ》りにならんことの恥づかしさよ。扨《さて》ぞ心の乱るゝはよし、それとても、苦《く》は後生《ごしょう》の報《むく》ひと思へば恨みなし、あゝさりながら、片時の暇《いとま》を得《え》させよ。自《みずか》ら七歳の頃より称讃浄土経《しょうさんじょうどきょう》を受け奉り、毎日読誦《どくじゅ》し、母尊《そん》霊《れい》に手向《たむ》け奉る。今日は未《いま》だ読誦申さねば、御経を読み奉り、母亡魂《ぼうこん》に手向け申さん。且《かつう》は父上の御為《おんため》共也、自らが弓箭《きゅうせん》に掛かる後《のち》の世の修羅《しゅら》の苦患《くげん》を免《まぬか》れ、浄土の道を導《しるべ》ともせん、暫《しばら》く相待《あいまち》得《え》させよ。と、御涙と共に今は早、肌の守りより玉軸《ぎょくじく》の御経《おきょう》を取り出させ給ひ、西方《さいほう》に打ち向かひ、さも幼気《いたいけ》なる御声にて、御経三巻読誦《さんがんどくじゅ》なされ。只今読み奉る御経一巻は父上の御祈禱《ごきとう》也、一巻は母尊霊往生極楽《そんれいおうじょうごくらく》のため、残る一巻この御念仏の功力《くりき》により、冥土《めいど》にまします母上と一つ蓮《はちす》の台《うてな》に迎へ取らせ給へ。南無阿弥陀仏と高声《こうしょう》に御念仏称《とな》へさせ給ふとき、さしもに豪《ごう》なる春時も、あらけなき武士《もののふ》と前後不覚《ぜんごふかく》に取り乱し、声をあげてぞ泣き至り。

無実でも他を恨むことなく、称讃浄土経を読誦する中将姫、涙は聴衆をも誘う。そして、いよいよ春時が雲雀山の頂上に登り、姫を突き落として一命を取るという段、しかしながらこの難所を越さんは難儀たり。それがし、御首給はる役なれば、それがしに任《まか》せ給へ、と件《くだん》の御輿《おこし》を肩に掛け、さしも険《けわ》しき難所を刹那《せつな》が間《ま》に駆《か》け上《のぼ》り、峠より声をあげ、いかに面々今御最期《ごさいご》ぞ、念仏あれ、南無阿弥陀仏と御輿《おこし》を数千丈《すうせんじょう》の谷底《たにぞこ》へ情け無くも捨てたるは目にも当てられぬ次第也。さしもに猛《たけ》き武士《もののふ》ども、あら御いとおしき有様や、せ間敷《まじき》ものは宮使《みやづか》ひと、各々涙は堰《せ》きあへず。春時も涙と共に峠より下り、いかに面々、我奉公の身なるが故、かゝる憂《う》き目を見奉る、所詮《しょせん》是を菩提《ぼだい》の種とし、世を遁《のが》れんと思ふ也、方々《かたがた》は御所《ごしょ》へ帰り、君へこの段申して給《た》べ、暇《いとま》申して面々と、髻《たぶさ》を切つて谷へ投げ、行方《ゆくえ》も知らず落ちて行く。警護《けいご》の者共力及ばず、まづ我々が君へこの段申さんと、奈良の都へ帰りける。かゝりける所へ、春時が嫡子《ちゃくし》八郎は、母を伴ひ雲雀山へ馳《は》せ来たり、彼方此方《かなたこなた》とせし所に、父春時にはたと会ひ、女房走り寄り、のふ姫君は何と成され候、あら情けなや、と縋《すが》り付きてぞ泣き至り。春時涙を抑へ、何とて殺害《せつがい》申さんや、それがし知略《ちりやく》を巡《めぐ》らし警護の者を謀《たばか》り、とある岩屋に隠しおき、御輿《おこし》ばかり谷へ捨て、姫君は御堅固《ごけんご》にましますぞ、……と、またも春時の知略により姫は助けられ、春時と女房・子八郎親子三人と岩屋で暮らす（以上第三段）。

中将姫出家と蓮糸曼陀羅

一方、姫を亡き者とした豊成は後悔限りなく、日々臥し悩む。家来が慰《なぐさ》みに雲雀山で獣狩《ししが》りをすることを提案、上ったところ、姫と春時らに再会、喜びの涙と共に、御台《みだい》の計略であったことも知り、館に帰る。豊成は御台を追放せんとするが、姫は、生母最期の折りに膝に乗せて語った「後の母を大切に孝行すべし」との遺言を父に伝え、許しを請う。その段、語りは、

扨《さて》も〳〵御身は敵《かたき》となりし継母《けいぼ》をさほど不憫《ふびん》に思ふこと、伝へ聞く唐土《もろこし》の閔子騫《びんしけん》にもまさりたる孝行第一の者かな。

と、中将姫を褒め称える。姫はその後、館で経を読む毎日を送っていたが、ある夜、

今日は十善《じゅうぜん》の位に上るとも、明日は無間《むけん》の底に沈まんことこそ悲しけれ、此度生死《このたびしょうじ》を厭《いと》はずば、いつか輪廻《りんね》の里を離れん、電光朝露《でんこうちょうろ》の夢の世に心止《と》むるは迷ひ也と、ふつつと思ひ入り給ひしか、あゝさるにても父上の、嘆かせ給ふを振り捨てんは不幸也。さりながら、棄恩入無為真実報恩者《きおんにゅうむいしんじつほうおんしゃ》の理《ことわり》を聞く時は、心弱くて叶ふまじ、仏道修行の慣《なら》ひ、父上の不孝《ふきょう》は一旦の事、自ら浄土に生じ、二親仏果《にしんぶつか》に引導《いんどう》せんこそ真実の報恩なれ、と只一筋に思し召し、夜半《よわ》に紛《まぎ》れて只一人、古き御所《ごしょ》を忍び出、仏道修行《ぶつどうしゅ》《ぎょう》の御為《おんため》に、行方《ゆくえ》も知らずに出給ふ、心の内こそ殊勝《しゅしょう》なれ。

と、一人館を出て、大和当麻寺に向かい、苦難の道行きの果て、無事当麻寺に庵を結ぶ。法名を法如比丘尼《ほうにょびくに》と付け、「日夜念仏懈怠なく」勤め、大願をおこす。

> 願はくば念仏の功力《くりき》によりて、一七日《いちしちにち》のその内に、生身《しょうじん》の阿弥陀如来来迎《らいごう》なされ、拝まれさせ給へ、さらぬ内は門戸をひしと出ること候まじ。

そうしたところへ、阿弥陀如来の権化《ごんけ》と思しき尼（尼公）が訪れ、西方極楽浄土の有様を織り上げようと、蓮の糸を集めさせる。蓮糸が織り始められると、それにつづいて、

> 不思議やな、虚空《こくう》に花降り音楽聞こへ、菩薩《ぼさつ》聖衆《しょうじゅ》諸共《もろとも》に、天人《てんにん》あまた影向《ようごう》あり、糸繰り返しさま〳〵と、鞨鼓《かんこ》・鉦鼓《しょうこ》・笙《しょう》・篳篥《ひちりき》・琵琶《びわ》・琴《こと》添《そ》ゆる音楽の、微妙《みみょう》の声諸共《もろとも》に、はたりと打ちてはきりと織り、きり〳〵はたりてう〳〵と、織らせ給ふその風情《ふぜい》、有り難かりける次第也。

などと機織りの様を華麗に語り（以上第四段）、最終第五段に入る。

中将姫往生

尼公は中将姫と寺中の僧尼に、浄土曼陀羅の美麗な図を一区画ずつ説明しながら、念仏の有り難さを説いていく。中将姫は感涙に咽《むせ》びつつ、説き終わった尼公に改めて名を問うと、自らは阿弥陀如来の権化であり、また中将姫自身が一の弟子、観音菩薩の権化であることを伝え、さらに今から一三年後の四月十四日に必ず迎え

が来るので、「なほ〳〵念仏懈怠《けたい》なく信心深く称へよ」と言い残して、西の空へ飛びさっていく。残った中将姫は、尼公の言葉通りいよいよ念仏怠りなく、一心不乱に称名念仏に専心している内、早くも一三年の月日が経ち、姫二十九歳の年四月十四日のこと、

一天《いってん》に紫雲《しうん》たなびき虚空《こくう》に音楽聞こへければ、姫君いよ〳〵有り難く、御約束違《たが》はず、今極楽浄土へ生ずる事の有り難や、と随喜《ずいき》の涙とどまらず、西方《さいほう》に打ち向かひ、合掌を胸に当て、高声《こうしょう》に御念仏称へさせ給ひける。あら有り難や本願微妙《ほんがんみみょう》のしるし顕《あらわ》れ、花降《はなふ》り異香薫《いきょうくん》じ、諸々《もろもろ》の仏菩薩《ぶつぼさつ》、管弦《かんげん》の奏士《そうし》、姫君を迎ひ給はんそのため、来迎《らいごう》あるにて有り難けれ。

と約束通りの来迎となり、

姫君あまりの有り難さに感涙《かんるい》を止め難《がた》く、その身そのまま蓮台《れんだい》に、移らせ給ふぞ有り難けれ。不思議や姫君蓮台に、移らせ給へば開けし蓮華、花をつぼめ、しばしありしが不思議やまた、たちまち花開けばあら有り難や、姫君の御姿、黄金《おうごん》の御形《おんかたち》と現《げん》じ給ひて、光を放つて拝まれ給ふは有り難かりける次第也。その時、虚空《こくう》に妙《たえ》なる御声《みこえ》あざやかに、忝《かたじけ》なくも阿弥陀如来慈悲円満《じひえんまん》の御姿《みすがた》にて、光明十方世界《こうみょうじっぽうせかい》を照らし給ひ、観音勢至廿五《かんのんせいしにじゅうご》の菩薩《ぼさつ》、三世十方《さんぜじっぽう》の仏菩薩諸共《もろとも》に、来迎《らいごう》ありしぞ有り難けれ。

とあり、後は「刹那《せつな》が間に西方極楽浄土に引接《いんじよう》あり」と中将姫が浄土に往生したことを告げ、続けて「偏《ひとえ》に女人成仏《によにんじようぶつ》の証拠に立たせ給ふ也」とその意義を語り締めくくる。

＊ 以上の引用は、寛文九年（一六六九）京都山本九兵衛版の「中将姫御本地」（『古浄瑠璃正本集』第五、一九六六年、角川書店）に拠るが、意味を明瞭にするために、仮名書き部分の多くを漢字に改めた。なお、その際、『日本庶民生活史料集成』第十七巻「民間芸能」（一九七二年、三一書房）採録同本の脇書漢字を参考にしたが、一部は独自に改めた。

以上、「中将姫」をかなり詳しく紹介してきたが、これとまったく同じではないにせよ、同類の説教を、角田の同行は嘉永三年正月二十二日の太子講で聞いていたのである。もちろん、大友慶天の一座ではこの話の一段だけであるが。

さて、我々はすっかり、正月二十二日の太子講のところで止まってしまったが、嘉永三年のこの日の法座に連なった角田同行の信仰意識をもう少し探るため、今少し時間を止め、この「中将姫」が何をもたらすか、分析を少々試みたい。何しろ、願正寺聞理が説教の演題まで記してくれたのは、二十年間の膨大な回数の説教に対して、この日についてだけなのであるから（この日、あと一つ「登天」を演じた、とあるがこれは今もって不明、「梵天」かとも思ったが、原本ははっきりと「登天」とある、御教示を待ちたい）。

はじめに、横萩の右大臣豊成卿とその娘中将姫、家臣春時・八郎親子らが非の打ち所もないほどの善玉として登場、対する蔵人頼実とその家来達が典型的な悪玉として登場して展開方向を明瞭にし、聞き手を豊成の側に立たせる。語り口は節談説教に多いリズミカルな合戦物の調子で始まり、いったんは豊成側が危なくなったり、家臣が裏切ったりするのかと思わせるなど、ぐいぐいと聴衆を惹きつけ、結局は春時らの知略によって勝利し、聞き手を安心させるなど、第一段第二段からその物語としての構成はなかなかのもので、近世節談説教人気の出し物であったことが十分に窺える。

念仏の意義付け

第三段では、継母の讒言によって雲雀山で落命させられることになった中将姫が、無実でも他を恨まずに称讃浄土経を読誦して聴衆の涙を誘うのであるが、その読経の意義付けには注意したい。それは、三つの目的があるとして、一つが「母亡魂に手向け申さん」ため＝「母尊霊往生極楽のため」、一つが「父上の御為」すなわち「自らが弓箭に掛かる後の世の修羅の苦患《くげん》を免《まぬか》れ、浄土の道を導《しるべ》ともせん」ためのものであり、今一つが「御念仏の功力により、冥土にましします母上と一つ蓮の台に迎へ取らせ」るためとされている。

第一の意義付けには、真宗教義にはない、またこの時期の一般門徒の念仏にも実際にあまり見られない、供養の念仏がはっきりと語られている（この時期の一般門徒の念仏に、供養の意識が見られないことについては、拙著『真宗信仰の思想史的研究』第四章、校倉書房、一九九〇年参照）。第二の意義付けにも、読経念仏に修羅の苦患を免れるためと言うような、ある種の呪力を求める思想が見られ、辛うじて第三の意義付けで、他力回向による浄土往生の思想が語られているのが真宗思想に合致するのみである。

このような念仏の意義付けが真宗寺院本堂で語られているのである。もともと大和当麻寺は真言・浄土の兼学寺院であり、この中将姫伝説が語られる基となった「当麻曼荼羅」は善導《ぜんどう》の「観無量寿経疏《かんむりょうじゅきょうしょ》」に依拠して画かれた浄土曼荼羅で、八世紀頃制作された中国渡来品であろうとされているものである。したがって、親鸞思想による念仏の意義付けがこの話の中で語られるはずもない。もっとも、真宗寺院の説教ではこうした部分だけ真宗教義に沿うものに変えて演じられたことも考えられるが、他の話の説教台本や、安心《あんじん》について説いた真宗談義本《だんぎぼん》などにおいてさえ、真宗の教義から大きくずれたものが多々見られるので、こうした、いかにも浄土曼荼羅図に随伴する「中将姫」伝説らしい念仏の意義付けは、「中将姫」が語られる限り、程度の差はあれ、語られたものとみなしてよい。

つづいて、雲雀山で春時が姫を突き落として一命を取るところでは、またしてもはらはらさせつつ、これも春時の知略で助けられる話で終わり、聴衆はほっとさせられる。

第四段では、娘や春時らと再会し、ようやく継母（御台）の讒言であったことを知った豊成が御台を追放しようとするが、それをも姫がとどめ、益々姫の孝行ぶりが強調され、聴衆は感心の極致に至る。

発心の立場と来迎思想

そうした後に、姫自身がいよいよ発心《ほっしん》する段となるが、この発心は、「電光朝露《でんこうちょうろ》の夢の世に心止むるは迷ひ也」の言葉に端的に表されているような、現実の世を夢の世・仮の世と捉え、浄土をこそ求める、浄土信仰の立場からの基本的発心となっている。

さらに、自らの発心が父への不孝になるのではないかという、むしろ聞き手一般大衆が持つであろう疑問を迷いとして見せつつも、「棄《き》恩《おん》入《にゅう》無《む》為《い》真実《しんじつ》報恩者《ほうおんしゃ》」、すなわち、世俗恩義を捨て、無為の世界に入る者こそ真実の報恩者であると覚悟し、決然と「自ら浄土に生じ、二親《にしん》仏果《ぶっか》に引導《いんどう》せん」と決意、当麻寺に向かう。この立場こそ、親鸞が強調した還《げん》相《そう》回《え》向《こう》の思想、すなわち、浄土に往生した者が、今なお苦海に沈む衆生《しゅじょう》を、弥陀の回向力によって救い取るという思想に他ならない（還相回向については、三五ページを参照）。

だが、こうした親鸞思想と同等の発心の立場も、すぐにまた、真宗教義とは別の浄土思想のなかに渾然と溶け込んでいく。当麻寺で姫は生身の阿弥陀如来の来迎を願い、権化の尼僧が出現すると、「虚空に花降り音楽聞こへ、菩薩聖衆諸共に、天人あまた影向あり」

「羯鼓《かっこ》・鉦鼓《しょうこ》・笙《しょう》・篳篥《ひちりき》・琵琶《びわ》・琴添ゆる音楽の、微妙の声諸共に」と、その機織りの美しく心地よい響きの様を、あらん限りの表現で語り、そのまま第五段に引き継いでいく。

最終第五段では、十三年後の四月十四日に約束通りの来迎があったことと、いよいよ姫の浄土往生が語られるわけであるが、その美しさとありがたさの表現は、機織りのとき以上であり、これが浄土を信仰する聴衆にとってのクライマックスとなっている。

「一天に紫雲たなびき虚空に音楽聞こへければ」「花降り異香薫じ、諸々の仏菩薩、管弦の奏士、姫君を迎ひ給はん」「姫君の御姿、黄金の御形と現し給ひて、光を放つて拝まれ給ふ」「虚空に妙なる御声あざやかに、忝なくも阿弥陀如来慈悲円満の御姿にて、光明十方世界を照らし給ひ、観音勢至廿五の菩薩、三世十方の仏菩薩諸共に、来迎ありし」

浄土への往生こそを願う大衆にとって、その最も大切な瞬間について、これ以上の美しさとありがたさの表現はないと思われるほどの文言を連ね、「中将姫」の物語は終止の体勢に入っていく。いつも聞いている「浄土」とは一体どんな所か、そんな問が常に脳裏に浮かぶ大衆にとっては、たしかにこの上なく有り難い話に聞こえたであろう。だが、ここにあるのは、もはやまったくの来迎思想と、それと一体化した来世至上主義でしかない。もちろん、親鸞の思想からは遠く離れたものである。

> 親鸞においては、
> 来迎《らいこう》は諸行往生《しょぎょうおうじょう》にあり、自力《じりき》の行者《ぎょうじゃ》なるがゆゑに。臨終《りんじゅう》といふことは、諸行往生の人にいふべし、いまだ真実《しんじつ》の信心をえざるがゆゑなり。また、十悪《じゅうあく》・五逆《ごぎゃく》の罪人のはじめて善知識《ぜんちしき》にあふて、すゝめらるゝときにいふことなり。真実信心の行人《ぎょうにん》は、摂取不捨《せっしゅふしゃ》のゆゑに正定聚《しょうじょうじゅ》の位《くらい》に住《じゅう》す。このゆゑに臨終まつことなし。来迎たのむことなし。信心の定まるとき往生また定まるなり。来迎の儀則《ぎそく》をまたず。（「末燈鈔《まっとうしょう》」）

ときっぱりしており、往生は来世の問題ですらない。

だが、古代以来、浄土信仰の多くは臨終来迎を美しく描くことにより、人々の不安の心を捉えてきた。真宗の門徒は、親鸞の「臨終まつことなし、来迎たのむことなし、信心の定まるとき往生また定まるなり」という立場を、そうした一般の浄土信仰が描く来迎思想と格闘しつつ、聞いていたはずなのであるが、このように、門徒講が招く真宗説教者の説教においてさえ、親鸞の思想と大きくずれた浄土来迎の物語が語られ、その優れた話芸と物語性に感涙の涙を流し、喜んで賽銭を投げていたのである。

となれば、最後の「女人成仏の証拠に立たせ給ふ」という締めくくりも、親鸞とはずれたところでの、往生願望・来世主義としての女人往生譚となってしまうしかなかった。

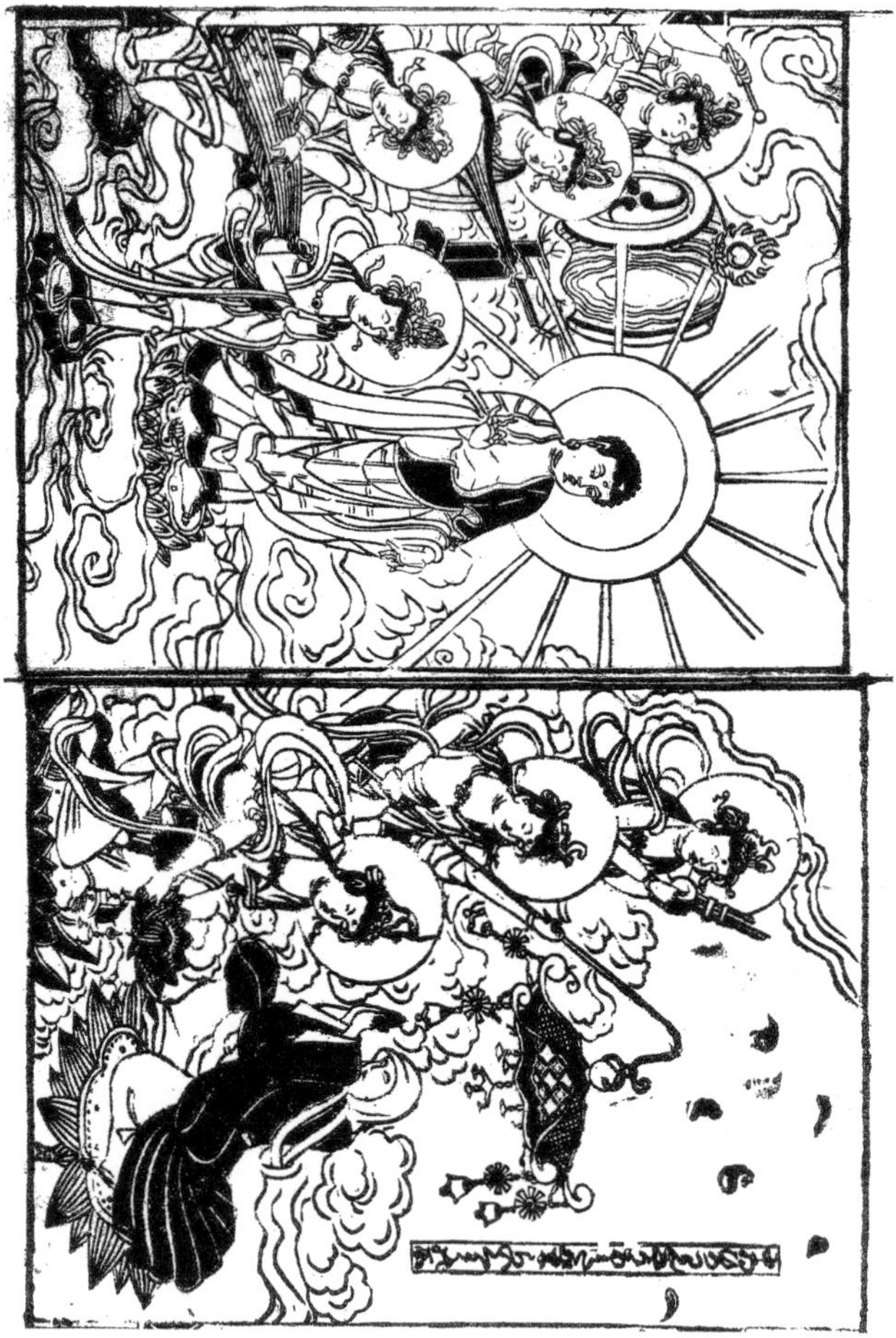

図2「中将姫之御本地」寛文9年（1669）山本九兵衛版（東北大学狩野文庫マイクロフィルム）より
「中将姫臨修阿弥陀如来来迎の所」

浄土信仰法座と親鸞和讃

このように、幕末期の願正寺同行は、正月二十二日の太子講に集まり、説教の名人から、専修念仏の有難さを説く「法然伝」や、浄土来迎のめでたさを説く「中将姫」を聴かされていたのであるが、それは、思想的には何とも不思議に不統一なものであり、親鸞思想とそうでないものとが、ごちゃ混ぜに繰り広げられていたものであった。もし統一性があるとすればただ一点、それは、仏教芸能としての浄土信仰系法座であるという一点で特色づけられるものだったのである。

もちろん、太子講の集まりが、日本仏教開祖としての聖徳太子を讃えた真宗の法座である以上、同じ仏教芸能の中でも、講ではまず親鸞の太子《たいし》和讃《わさん》が詠われる。親鸞作の和讃はすべて七五調四句を一首とする形式であるが、聖徳太子和讃にはその首数により、「十一首和讃」「七十五首和讃」「百十四首和讃」の三作がある。「十一首和讃」は、親鸞の「正像末《しょうぞうまつ》浄土《じょうど》和讃《わさん》」(文明開版本)の中に「皇太子《こうたいし》聖徳《しょうとく》奉讃《ほうさん》」と題して入っているもの。「七十五首和讃」も同名の題「皇太子聖徳奉讃」が付されているが独立している。また「百十四首和讃」は「大日本国《だいにほんこく》粟散王《ぞくさんおう》聖徳太子《しょうとくたいし》奉讃《ほうさん》」と題するものである。

これらの太子和讃の内、最も多く詠われたのが「十一首和讃」と言われているので(単に「太子和讃」といえばこれを指すほど)、以下に、そのはじめの六首を引いてみよう。

仏智不思議《ぶっちふしぎ》の誓願《せいがん》を
聖徳皇《しょうとくおう》のめぐみにて
正定聚《しょうじょうじゅ》に帰入《きにゅう》して
補処《ふしょ》の弥勒《みろく》のごとくなり

救世観音大菩薩《ぐぜかんのんだいぼさつ》
聖徳皇と示現《じげん》して
多々《たた》のごとくすてずして
阿摩《あま》のごとくにそひたまひ

無始《むし》よりこのかたこの世まで
聖徳皇のあはれみに
多々のごとくにそひたまひ
阿摩のごとくにおはします

聖徳皇のあはれみて
仏智不思議《ぶっちふしぎ》の誓願《せいがん》に
すゝめいれしめたまひてぞ
住正定聚《じゅうしょうじょうじゅ》の身となれる

他力の信をえんひとは
仏恩報《ぶっとんほう》ぜんためにとて
如来二種《にょらいにしゅ》の回向《えこう》を
十方《じっぽう》にひとしくひろむべし

大慈救世聖徳皇《だいじぐぜしょうとくおう》
父のごとくにおはします
大悲救世観世音《だいひぐぜかんぜおん》
母のごとくにおはします

名畑応順校注『親鸞和讃集』（岩波文庫、一九七六、ただしルビは新かなに改めた）

引用中にある「仏智不思議の誓願」「正定聚に帰入」「他力の信」「如来二種の回向」などの言葉は、親鸞が同行に語った法語のなかにしばしば出てくる、信の本質を示す言葉である。「仏智不思議の誓願」は、阿弥陀如来が必ず衆生《しゅじょう》を浄土に救うと立てた本願、「正定聚に帰入」は、阿弥陀如来の救済を信じきることにより浄土に往生することが定まることを疑念なく信ずること、「他力の信」は、弥陀の救済力を信ずること、「如来二種の回向」は、阿弥陀如来が衆生に向ける二種の他力回向のことで、往相《おうそう》の回向《えこう》と還相《げんそう》の回向《えこう》のことである。この二種の他力回向を信仰の外側にある人間が理解することはやや難しいが、親鸞の思想の核心部分であり、近世の真宗門徒の信仰実態を把握する上でも前提となる重要概念なので、ここで私なりの説明をしておく。

還相の回向

往相の回向とは、衆生が浄土へ往生することについて、弥陀の側から衆生に振り向けられる救済力のことであり、この回向によって教えに導かれ念仏が口に出て、浄土へと導かれるとされる。

還相の回向とは、いったん浄土に往生した者が、なお苦海に沈む衆生を救うために浄土の世界から現世へと働きかけることについて、弥陀が振り向ける救済力のことであり、この回向によって、仏となったすべての者に衆生済度の力が備わるとされる。

また、和讃中の「補処」とは、すでに仏となっていた釈尊が滅したために欠けた仏の地位を補う、という意味。その菩薩は弥勒菩薩とされているので「補処の弥勒」とは、補処すべき弥勒の意で、弥勒菩薩をその本質において形容した句である。したがって、この第一首は、阿弥陀如来の本願を信じきることにより、浄土に往生することが定まり、ほとんど弥勒菩薩と同じに、仏を補う位に至ることができるということを詠っているのである。

なお、和讃中の「多々」は父のこと（梵語タータの音写）、「阿摩」は母のこと（梵語アンバーの音写）で、そのような教えの恵みを与えてくれた聖徳太子は父であり、母でもあると詠っているのである。

以上のように、親鸞はこの和讃のなかで、自らの思想の最も核心的なところを詠っているのであるが、それらの教えを聖徳太子がもたらしてくれたものとして太子の慈悲に感謝しているのである。

この太子和讃を願正寺同行の職人門徒達は毎年正月に聴いていたのであり、さらにその意味するところは、後に紹介するような蓮如御文章や法談の聴聞などで、幾度となく聴いているのである。こうして、太子講とは、まず太子和讃を聞いた後に、先に紹介したような、思想的には親鸞からずれるものも含んだ、多様な説教に親しむ法座だったのである。

だが、このような仏教芸能の法座という性格の外に、職人だけが集まる別の意味がある。角田浜の職人の多くは、漁と田畑を継がない次三男（北陸・越後など、広い範囲で「おじ」と呼ばれる）を主体とする大工・木挽《こびき》であり、春の彼岸の入りから中日前後に、常陸《ひたち》の水戸・上野《こうずけ》・下野《しもつけ》・上総《かずさ》・江戸・奥州《おうしゅう》福島などに向けて出立し、十二月に入って三々五々帰ってくる。在郷《ざいきょう》はその間の約二〜三か月しかない。そのため、また散りぢりになる前に全職人門徒が会合し、出稼ぎ先の雇用状況や道中雪道の安全などについての情報を交換し、今年の出稼ぎ先を調整し、あわせて一年の労苦や道中の失敗談などに花を咲かせるのである。この太子講が無尽講を兼ねているときも多い。

職人門徒の講

安政五年の太子講でそれまでの無尽が満会になったが、文久四年（元治元年、一八六四）になって、太子堂を建立する相談がまとまり、そのための無尽があらたに組織されることになった。講の世話役が職人門徒を中心に加入を募ったところ、願正寺の予想をはるかに超える一〇〇人以上もの門徒（願正寺同行職人の総数以上）が集まり、一人一分掛けで無尽が始まった。これは天保八年（一八三七）に職人門徒が寄進した聖徳太子木像を安置し、あわせて経典類を所蔵する経蔵を兼ねて太子堂として建立しようとするものであった。この太子堂は翌慶応元年（一八六五）に竣工、現在願正寺境内に現存している。

親鸞初逮夜と二十八日講

二十七日は親鸞の「初逮夜《はったいや》」である。太子講の日から説教が続いている年は、この節談説教目当てに多くが参詣するが、説教がない年は御堂参詣のみで斎付《ときつき》もないため、おおよそ一〇人〜二〇人程度の参詣しかない。

安政四年、願正寺世話役の所左衛門《しょざえもん》が四十二歳の祝いをこの日に設定し、聞理《もんり》を招いたが、招かれた聞理は、「日柄」をわきまえず「はなはだ心得違のこと」であると怒り、断わっている。寺院住職にとって親鸞初逮夜は厳粛なものであっても、門徒にとっては楽しいもので、祝いを重ねても何等おかしくないはずということであろう。また、門徒の中には、この日にあわせて上法事《あげほうじ》を願うものもあり、それが多い年には参詣人も数多い。

その年最初の親鸞月忌日の二十八日には、願正寺での昼の法座とは別に、門徒が中心になって朝方に「二十八日講」、晩方に若者だけで「若衆講」を開き、同行たちはそれぞれの講頭《こうがしら》の家に集い、寺僧を招いている。多くの門徒にとっては、説教のない親鸞初逮夜の法座を聴聞するより、自分たちで開く門徒講「二十八日講」に集《つど》う方が楽しいようである。

この「二十八日講」は、嘉永元年（一八四八）に篤信門徒の周七《しゅうしち》が中心となって再興したもので、これ以後幕末に至るまで、村内でさらに増えていくものである。また「若衆講」も翌嘉永二年に再興されたものである。

ところで、漁村の角田浜では「海荒れ、晴天」という天候が、漁がなくしかも寺に足を運びやすい。願正寺聞理はそんな日、「晴天海荒、御講開にも大いによろし」などと記している。逆に海が凪いで漁が忙しくなると、「若衆講」は吹っ飛ぶ（安政六年）。門徒にとって講は楽しいものに違いはないが、生活優先であることは当然で、僧侶とは意識が違う。日にちの決まった一月の行事は以上であるが、五日から年回相当の家で巡回法事が始まっているのと同様、村役など重立ちメンバーの年回法事が、巡回法事よりはるかに重い形態で執行されるのも、多くは正月から二月にかけてのことである。

また、正月は婚礼の月でもある。田畑や漁が最も手隙な月だからである。村内門徒の婚礼は、ほとんど正月にそれぞれの家で執行されている。願正寺の親戚や世話方、有力漁民である納屋衆や村役などの婚儀の場合には、願正寺から住職らが出てくるが、一般門徒の場合には願正寺から出てくることはない。なお、言うまでもないことかもしれないが、結婚の儀に神社が関わることはまったく無い。それは、神祇をあまり拝まない真宗門徒のことだからではなく、宗派に関わらず、近世の一般の民衆の婚儀に神社が関わること自体が無い。一般の民の婚儀に神社が関わるようになるのは近代以降、それも、多くの場合は戦後の経済復興以後のことと言ってよい。

説教が楽しみな春彼岸

二月の最大の行事は彼岸である。陰暦では彼岸も年によって大きくずれるが、多くは二月にめぐって来る。彼岸といっても、今日連想するような墓参ではない。同行の多くは願正寺にやってくる説教者《せっきょうじゃ》の節談説教を聴き、

本堂で御斎《おとき》につくのが目的であり、他に、遠方の同行でその年が年回に該当する家の場合には、説教の日にあわせて戸主達が集団で寺に上がる上法事《あげほうじ》をおこなう日でもある。『年中故事』が記載され始めた弘化三年と四年には彼岸の記事がないことと、その後の記載内容とを照らしあわせて考えると、この彼岸の参詣と節談説教聴聞は、願正寺が主催しているものではなく、太子講などと同様に、門徒講が主体となって願正寺御堂を説教者の「御座所」として借り、執行しているものであることがわかる。

中日の参詣斎付の数は、嘉永の六年間は八〇人から一〇〇人前後だったが、安政元年（一八五四）から急増し、同二年の二月四日（中日）には、遠方同行一六軒が上法事をおこなったとはいえ、斎付が一八〇人余りにもなり、聞理は「前代未聞之斎付」と記している——もっとも、八年後の文久三年の中日の斎付が一七〇人だったときにも「前代未聞の参詣」と記しているので、聞理の「前代未聞」はあまりあてにはならないのだが——。

安政二年の彼岸中日に一八〇人も集まったときは、五年前の嘉永三年の太子講のときに

「法然伝」や「中将姫」を演じて聴衆を唸らせた説教巧者《こうしゃ》大友円光《えんこう》寺慶天《じぎょうてん》が、二月一日彼岸会初日の逮夜《たいや》から説教しており、中日四日には二席を演じていた。参詣者の多くは、やはり、この円光寺慶天の説教が目当てだったようである。

では、その説教では何が演じられたのか。この問に正確に答えることは残念ながらできない。前述したように、二〇年間の説教座数はおびただしいものの、聞理が演題まで記したのはたった一日の三座だけであった。したがってそれ以外の説教演題は正確には不明である。だが、実は、『年中故事』を記載し始めた前年、弘化二年の十月に、聞理自身が説教台本一本を写し取っているのである。それが、すでに関山和夫によって紹介されている『祖師聖人御一代記』である（『日本庶民文化史料集成』第八巻、三一書房、一九七六年所収、また『大乗仏典』三〇説教集、中央公論社、一九八七年にも所収）。

祖師聖人御一代記

この説教台本『祖師聖人御一代記』は、第二次大戦後のある時期に流出するまでは、長い間願正寺にあったもので、もちろん『年中故事』の時期には常に願正寺にあり、説教台本として使われたものであった。したがってこの『祖師聖人御一代記』は、演じた年月日こそ特定できないものの、本書が対象としている全時期を通じて、願正寺で頻繁に演じられたことは間違いないものである。

この『祖師聖人御一代記』の遠い原型は、「親鸞聖人御絵伝」絵解き台本の「御伝鈔《ごでんしょう》」である。ただし、この『祖師聖人御一代記』一段分は「御伝鈔」一段分よりずっと長く、また「御伝鈔」にはない多くの挿話が入り、全体として三二段構成の長大なものになっている。やや短い段もあるのですべての段が一座分とは限らないが、それでも二十数座分は十分にある（全文約七万八〇〇〇字余、本書に全文引用すれば一三〇ページ余りにもなる、なお「御伝鈔」上・下は約八九〇〇字でその一割強にすぎない）。

『祖師聖人御一代記』のもともとの語り手、原本作成者は、越後からは遠い畿内周辺の者と思われる（文中二か所の挿入語より）ものの、聞理は、眼前に聴衆を想定したその独特の語り口文体のところどころを、越後訛に直しながら筆記しており、その点からも願正寺での実演を念頭において筆写したものであることがはっきりとしている。

そこで、明らかに節談説教を演じたことがわかる法座のときどきに、この『祖師聖人御一代記』の一部を紹介することにより、願正寺同行の説教聴聞に接近してみたいと思う。

この春彼岸中日の説教では、まずは、いまだ専修念仏に出会わない若き親鸞が、比叡山無動寺大乗院から京三条の六角堂観音に百日毎夜通ったという、六角堂御通夜の段を紹介することで、名調子の説教を聞いた願正寺同行に近づいてみよう。

それがまあ聖人様は、難所の道を御越なされ、六角堂へ御出なされても、夜の御忍びの事なれば、火鉢御夜食どころか、湯でも一口御召し上がりなさらず、場所は外縁側《そとえんがわ》の板の上、御敷物《おしきもの》とてはせめて菰《こも》や筵《むしろ》もあらばこそ、樫の木の厚板のその上に、夜《よる》中嵐《じゅうあらし》に吹き通され、ほかの祈りはかつて無し、ただ末代《まつだい》の悪人女人《あくにんにょにん》の助かる法あるならば、教へ給へ御授けなされ下されませい、南無大慈大悲《なむだいじだいひ》の観音菩薩《かんのんぼさつ》と、よそ目を振らず脇目も見ず、一心もつぱらに御祈りなされての御念願は、ほかの人が通はせ申したではなひ、みな我人《われひと》のためばかりのご苦労ぢや。是に付（ひ）へて世間で人のよう言ふには、彼《か》の深草《ふかくさ》の少将《しょうしょう》が小野小町《おののこまち》が元へ百夜通《かよ》はれたを通ひ小町と言ふ、是は聞こへぬ、なぜならば、深草の少将が通ふた故に通（ひ）へ少将ならよき所をなぜ通（ひ）へ小町と言ふぞと、されば、通ふたは少将なれどもその通はせ手は小町ぢや、故に通（ひ）へ小町と言ふ、今もその如く、六角堂まで百日御通ひなされたは聖人様なれど、通はせ手はこの座の我人《われひと》。さすればこのご恩は他《ほか》にやりてはならぬ、ひとに譲られぬ、たつた私一人の末世の後生一大事《ごしょういちだいじ》を御案《ごあん》じなされての、百日百夜のご苦労ぞと、思ひ合はされたならば、たとへ雨風強く道変はるとて、我が家にゆく〳〵と致して居られまいぞや。

『祖師聖人御一代記』第五段

＊　関山和夫『日本庶民文化史料集成』版を基にしたが、引用に際してはカタカナをひらがなにし、一部のカナを漢字に、漢字をかなに改めた。また越後訛の筆記は生かし、脇に本来の表記を（ ）で記した（以下『祖師聖人御一代記』の引用はこの通則による）。
なお、『祖師聖人御一代記』の作成年代は、親鸞が関東で教化していたときの話と、帰洛に向かったときの話とに、「それから六〇〇年経つた今」という、聴衆への語りかけが入ることから、文久元年（一八六一）の「親鸞聖人六〇〇回御遠忌」を意識の射程における時期、つまり筆写年弘化二年（一八四五）にごく近い年であることがわかる。そのてんでも幕末期の節談説教の実態を知る台本として、好都合のものである。

さて、引用した段では、まだ専修念仏の世界に入っていない若い親鸞が六角堂に毎夜通った苦労が語られているわけであるが、その目的が「ただ末代の悪人女人の助かる法あるならば、教へ給へ御授けなされ下されませい、南無大慈大悲の観音菩薩」と、もっぱら衆《しゅ》生済度《じょうさいど》の法を授かるための労苦であったことが強調され、それがそのまま「六角堂まで百日御通ひなされたは聖人様なれど、通はせ手はこの座の我人」と、座に連なっている同行衆のためでこそあったのだよと語りかけ、さらに「たつた私一人の末世後生の一大事を御案じなされての、百日百夜のご苦労ぞ」と一人一人にたたみかけ、風雨を突いてでも聴聞することが親鸞への報恩であることが強調される。居並ぶ同行は、この文字通りの有り難い説教を聞かされ、段の終わりで感涙と共に、一斉に受けの念仏を称えるのである。

もっとも、彼岸中日には、門徒たちはこうした節談説教に涙を流したり、大笑いをしたり（そういう場面もある）した後に、住職聞理から、念仏者の生活規範を記した、蓮如御文章中の「御掟目《おんおきてもく》」を聞かされる。

蓮如御文章「御 掟 目」

そも〳〵、当流《とうりゅう》の他力信心《たりきしんじん》のおもむきをよく聴聞《ちょうもん》して、決定《けつじょう》せしむるひとこれあらば、その信心のとほりをもつて心底にをさめおきて、他宗・他人に対して沙汰《さた》すべからず。また路次《ろじ》・大道《たいどう》われわれの在所《ざいしょ》なんどにても、あらはに人をもはばからずこれを賛嘆《さんたん》すべからず。つぎには守護《しゅご》・地頭方《じとうほう》にむきても、われは信心をえたりといひて疎略《そりゃく》の儀なく、いよ〳〵公事《くじ》をまつたくすべし。また諸神・諸仏・菩薩をもおろそかにすべからず。これみな南無阿弥陀仏の六字のうちにこもれるがゆゑなり。ことにほかには王法《おうぼう》をもつておもてとし、内心には他力の信心をふかくたくはへて、世間《せけん》の仁《じん》義《ぎ》をもつて本《もと》とすべし。これすなはち当流に定るところの掟《おきて》のおもむきなりとこころうべきものなり。あなかしこ、あなかしこ。

実如編纂「帖内御文章」第二帖第六通（『浄土真宗聖典』）

これは、文明六年（一四七四）二月十七日付けの蓮如御文章である。このなかの中世史や一向一揆に関心のある人の間ではよく知られた御文章で、とくに、このなかの「守護・地頭方にむきても、われは信心をえたりといひて疎略の儀なく、いよいよ公事をまつたくすべし」の一文は、蓮如が勃興しつつある門徒の一揆状況を、むしろ抑えにかかったものとして知られている（同年十一月加賀一向一揆蜂起、翌年八月蓮如一向一揆を忌避し越前吉崎を退去、河内に移る）。

が、ここでは上記の一文を含む「御掟目」全文が、この近世後期の、門徒講が主体となっている彼岸中日の法座で、住職から毎年聴かされていることにとくに注目しておきたい。まず、他力の信心を得て安心決定《あんじんけつじよう》しても、それはあくまでも「心底にをさめおきて、他宗・他人に対して沙汰すべからず」と戒めている。これは、宗風のまったく違う日蓮檀徒が村内にいる角田の同行にとっては、そのまま現実的な意味をもって迫ってくる。もっとも、もともと近世の共同体的な村落にあっては、信心が違うからといって田の水利慣行や漁獲の配分などの協同労働から排除していたのでは、日常の共同生活を維持していくことはできないから、住職に言われるまでもなく、守らなければならない生活ルールだったであろう。したがってむしろ、それにつづく、「守護地頭方にむきても、われは信心をえたりといひて疎略の儀なく、いよいよ公事をまつたくすべし」の一文の方が、より現実的な、重い教戒であったろう。

「守護・地頭」は蓮如御文章の時代にあっては、領主階級とその被官の一形態であるが、近世後期においては「守護」の用語法はまず無い。だが、「地頭」はむしろ旗本や私領の大名か、もしくは家臣で地方《じかた》知行《ちぎょう》地《ち》を有する給人《きゅうにん》を指す語として多用されている。したがって、この時期としては、領主に対する年貢上納の義務を果たすとともに、全体的に領主筋から課せられる世俗的な責務を怠らないように注意を促す法語となっている。つづいて、「外には王法をもつて表とし」「世間の仁義をもつて本とすべし」と説かれているが、近世においては、本願寺は蓮如期よりもはるかに「王法」と「世間の仁義」を重視しており、その本願寺の体制的な思想が、住職を通じて門徒に注入されているのである。

このように、説教を楽しむ彼岸の法席において、現体制に従順たることが、毎年決まって住職から説かれていたのである。

彼岸中の参詣斎付の人数はその後も山谷があるが、慶応二年まで、平均一三四人を数えており、幕末になるにつれ増大する傾向にあったことがはっきりと出ている。なお、彼岸中の台所方助力の「はたらき」は願正寺世話方女房中を中心に二人～三人である。

大工・木挽ら出稼ぎへ出立

さて、この楽しみな説教にも、大工や木挽《こびき》などの職人門徒らは、初日の、年によっては中日位までの説教に連なったら、後はそそくさと、常陸国（主に水戸）、上野国、下野国、また江戸や奥州福島などへと、出稼ぎへ旅立って行く。

図３　『北越雪譜』三国峠越えの図より、「なだれのうへをゆきゝす」とある

嘉永五年の閏《うるう》二月五日は、すでに中日から二日立っていたが、三国街道は雪が今なお時折降るというので、水戸を含む常州・上州・江戸行の職人たちが、信州周りで行くことにして旅立って行った。彼岸中日は、越後から関東への三国峠越えが出来るようになる節目なのである。

安政五年は雪が余程多かったようで、中日を一〇日も二〇日も過ぎてから三々五々旅立っており、そんな年は、職人らも、稼ぎに不安があっても彼岸の説教をたっぷり楽しんでから出かけるのである。

御書　御移り
拝読の寺御講

二月二十五日には、願正寺で「当山御講《とうざんおこう》」、同行の方では「寺御講《てらおこう》」と呼んでいる御講が開かれる。この御講は、門徒が主体となり、年に一度大々的に寺院本堂で開くもので、この当時蒲原の真宗門徒は、各寺院同行ごとに、それぞれの師匠寺本堂で、特定の日を設定してこの寺御講を執行している。

願正寺同行の場合は、安政四年（一八五七）までは六月十五日におこなっていたが、「元来、中興上人報恩のため、二十五日講取り結び候ところ、自分勝手にて日限乱し候段、実に恐れ入る事、且《かつ》、極暑の節はなはだ悪敷《あしく》、今年より相改め、以来は二月二十五日、定日の事」として、安政五年から二月二十五日とした。

ここで言っている「二十五日講」とは、中興上人すなわち蓮如上人の入滅、三月二十五日（一四九九年）を縁として結んだ講である。なお、二月二十五日は奇しくも蓮如の誕生日（一四一五年）にあたっているが、願正寺聞理と同行がこの日に設定しなおしたのは意識して誕生日に合わせたのではなく、正忌《しょうき》の三月二十五日は、願正寺と同じ法中《ほっちゅう》（同一宗門数か寺で組織された寺院仲間）の馬堀《まぼり》（巻町馬堀）長光寺《ちょうこうじ》が、すでに寺御講定日としており、願正寺からも聞理らが説教をしに長光寺に赴くため、ずらしたものである。

ところで、先に引いた文面の雰囲気では、二十五日講が従来同行門徒中心に運営されてきたために、本山の指示している蓮如正忌に合わせての講執行でなく、いつのまにか勝手な都合で六月十五日におこなわれてしまっているが、それは本来の主旨にはずれるので今後は二月二十五日とする、というように、これを機に講運営に対し、師匠寺僧侶としての主導権を発揮しようとしている様子が窺える。後に見るように、講の具体的な執行スタイルから見れば、その後も、けっして師匠寺僧侶のみにイニシアティブが移ったわけではないが、聞理としては、かなり介入しようとしていると見てよい。

さて、この寺御講であるが、村の同行は安政四年まで、六月十五日の朝、それぞれの家で赤飯を炊いて祝っていたように、五年からは二月二十五日に、各同行の家で赤飯を炊くようになった。一方願正寺では、本堂の余間に蓮如の絵像掛け軸を安置し、団子を供えて同行の参詣を待つ。参詣は毎年本堂を満員にするほどで、法座が始まると、前座から始まって、法中仲間の寺院四か寺の僧が次々に説教をする。

その後、本来のメインである「御書御移り《ごしょおうつ》」という行事がおこなわれる。これは、門徒が「御門跡様《ごもんぜきさま》」と呼んでいる本山の門主から、寺院とその同行で構成された門徒講、二十五日講中宛に下された書翰形式の教諭書である「御書」を拝読する儀式なのだが、この儀式がきわめて荘重に、というよりはかなり仰々しくおこなわれる。

まず、この「御書」は巻物になっており、本願寺の紋が付された特製の小箱に納められ、その小箱が、肩から担ぐ長柄《ながえ》付きの、これも本願寺の紋がついた挟箱《はさみばこ》に納められていて、いつもは同行惣代である大越家に保管されているのであるが、その挟箱に納められた「御書」を、大越家から願正寺まで——距離は至って短いのだが——同行の重立連《おもだちれん》が厳《おごそ》かに運び、待ち受けた住職の聞理が、同行の居並ぶ本堂で有難く拝読する儀式なのである。

願正寺の同行らで組織されている二十五日講宛に下された門主の消息は、残念ながら現存していない。そこで、刊行史料中の、この時期に下された

広如消息

本山（西本願寺）門主、広如の門徒講宛の消息の中から、できるだけ一般的な法語が多いものを選び、その中心的主題部分を紹介して、聴いていた角田同行に近づこう。

まず「其地、多年法義深厚にして仏祖の恩徳を報謝せられ候事、誠に有り難く覚え候」と、門主自らの謝辞に始まることが多い。門主を生き仏のように仰いでいた、本願寺への帰依心の篤い一部の門徒にとっては、「もったいない」とばかり感涙を誘う書き出しである。そのあと、数段の法語のあと、信の中心的主題に入ると次のような文言となる。

この信心は我がかしこくて信ずるにあらず、阿弥陀如来のご方便より起こさしめ給う

所なれば、先徳《せんとく》のことばにも、信心をまことのこころと読む上は、凡夫《ぼんぷ》の迷心《めいしん》にあらず、まったく仏心なり、この仏心を凡夫に授け給うとき、信心と言わるるなりと仰せられ候えば、名号《みょうごう》を聞きて信ずるほかに信のあるべきようなく候、（中略）

そもそも当流安心《とうりゅうあんじん》の趣はかねて聴聞《ちょうもん》の如く、もろもろの雑行雑修《ぞうぎょうざっしゅ》のあしきはからいを捨て離れ、一心一向に阿弥陀如来を頼みまいらせて、御助けは一定《いちじょう》、往生は治定《じじょう》ぞと、少しも疑いなく信ずるばかりにて、やすく浄土へ参るべきなり、これすなわち南無阿弥陀仏の六字の姿をこころえわけたる也、

嘉永四年春、越前国北袋五十三か村并に勝山町十六日講究「広如消息」

「各派門主消息」『真宗史料集成』第六巻（ただし引用は現代表記に改めた）

真宗の信心が如来の回向による他力の信心、仏心であること、ただひたすらに阿弥陀如来に帰依し、浄土への往生を疑念無く信ずること、それが念仏の意味するところであることなど、真宗の信の基本がわかりやすく、直接に同行に語りかけるように説かれている。

このような文面をもった「御書」が、先のような仰々しい「御移り」をともなった儀式の中で披露されているとすれば、その信の構造はどのようになっているか。

祖師親鸞に導かれ、阿弥陀如来を信ずる一点で結集しているはずの、念仏の同行門徒の

組織、「講」が、「御門跡様」を頂点とする近世の巨大な本願寺体制にしっかりと組織されている姿がそこにあり、如来の回向による他力の信も本山門主直々のありがたい教諭によってこそあるのだという信の構造、すなわち、門主（法主）生き仏信仰強要の構造となっているのである。それはまた、近世本願寺体制の体質そのものの凝縮した姿であると言える。

もっとも、こうした「寺御講」に願正寺の同行がそれなりの情熱を注いでいるのは、この「御書御移り」にはじまる法座儀式が、師匠寺僧侶の主導によっておこなわれているのではなく、同行門徒自身が中心となっておこなっていて、そこに、本山門主が直に語りかけてくるという構図をもっているためである。講ごとに、個別的に門主が直接語りかける消息を「ありがたく」拝読するという、このありようは、いかにも近世本願寺体制を象徴するような儀式であり、本来、同行門徒を底辺から組織する上で、かなり有効なものとなる儀式様態であったと思われる。だが、毎年（少なくも数年は）同じ御書を、これ程に仰々しく拝読する儀式は、果たして同行大衆の真に喜ぶところだったであろうか。

実はこの「御書拝読」の後、また説教が数座もたれている。この「御書拝読」後の説教の方が、拝読前の説教よりも、当然の事ながら説教の座としては本座であり、この本座で節談の説教が語られているのである。安政五年（一八五八）の本座では、川井（巻町河井）長善寺《ちょうぜんじ》の老院が語り、七貫八三〇文の賽銭が投げられている。そして、この賽銭とは別に、本山直結の寺御講らしく、本願寺への喜捨、「御冥加《ごみょうが》」も別に集められているのである。

さて同じ安政五年、「御冥加」はどれほどであったか、わずか、壱貫四七九文しか集まっていない（『年中故事』に寺御講日に両方の金額が記載されているのは残念ながらこの年だけである）。本山直結の「寺御講」で、御書拝読を仰々しく執りおこなっても、本山本願寺への喜捨は、眼前の説教巧者への投げ銭の五分の一にも満たなかったのである。御書御移り・拝読をメインとしたはずの「寺御講」でも、やはり同行の関心ははるかに説教の方にあったのである。

なお、「寺御講」は同行門徒講であって寺院主催の法座ではないので、御斎《おとき》がない（だから同行の家々で赤飯を炊いて、御堂からの帰りを待っているのである）。そのため、聞理は正確な人数を記していない。それでも記事を通覧すると、参詣者が徐々に増大している様子が窺えるのであるが、それは説教の座数が増えているためで、年によって六座・七座と開かれ、記録の最後の年、慶応二年は八座も開かれており、聞理は、同行が「群参」したと記している。御書拝読を本来の目的とした「寺御講」をも、同行門徒は、その運営の主体性を梃子に、確実に、説教中心の法座に変えていっているのである。

さて、春三月ともなると、四日には角田浜にある小社、熊野権現の祭礼がおこなわれる。一般に、江戸時代の民にとって村の鎮守祭礼はその共同体の精神的紐帯《ちゅうたい》としての役割を持つ重要な行事であったと理解されている。またこの鎮守祭礼を核とする神祇《じんぎ》信仰こそが、庶民信仰の中心であるとさえされている。

祭礼と真宗門徒

だが、真宗門徒の場合は、このような一般的理解をそのまま当てはめることはできない。真宗地帯では、祭礼を含めた神祇への関わり方一般が、他宗派の優勢な地帯に比べて比較にならないほど軽い場合が多い。もちろん、真宗地帯であっても個々の村のケースは多様で、神祇への関わりを一言で表現するのは難しいが、全般に、他宗派の優勢な地域に比して、「極端に」と表現して差し支えないほど、軽いといってよい。あるいはそのような比較をするよりは、真宗地帯では、本書で見るような真宗仏事の重大さ・多様さ・頻繁さに比して、神祇信仰はまったく軽少なものである、といった捉え方をした方が、他宗派地帯との、信仰生活全般の相違がはっきりしてよいだろう。

真宗門徒の神祇への関わり方のこの特異性を理解するには、前提として、祖師親鸞の神祇に対する姿勢を、親鸞自身の経説に即して把握しておく必要がある。そこで、角田浜の祭礼に対する門徒の関わりを見る前に、神祇に対する親鸞の経説を整理しておこう。

親鸞と神祇信仰

まず、神祇信仰に傾斜する人々を嘆く言として、親鸞は、「かなしきかなや道俗《どうぞく》の、良時《りょうじ》吉日《きちにち》えらばしめ、天神《てんじん》地祇《ちぎ》をあがめつゝ、卜占祭《ぼくせんさい》祀《し》をつとめとす」とか、「かなしきかなやこのごろの、和国の道俗《どうぞく》みなともに、仏教の威儀をもとゝして、天地の鬼神を尊敬《そんきょう》す」と語っていた（『正像末浄土和讃』）。また「涅槃《ねはん》経《ぎょう》」からは「仏に帰依せば、終《つい》にまたその余のもろもろの天神《てんじん》に帰依《きえ》せざれ」を、「般舟《はんじゅう》三昧《ざんまい》経《きょう》」からは「天を拝し神を祠祀《しし》することを得ざれ」をそれぞれ引いて、やはり、神祇を拝まないという立場をあきらかにしていた（『教行信証』「化身土文類」）。

このような神祇に対する姿勢は、親鸞にとっては、弥陀の本願に深く帰依する者として、そのうえに神祇を祠祀し拝むなどということはありえないという、本質的に内面的なことがらであり、深く内心に堅持すべきことがらであった。森龍吉や黒田俊雄などが、親鸞のこの信仰的立場を「神祇不拝」と表現し、その思想（一向専修）の革新性を強調し、鎌倉初期の支配的な思想傾向と闘う親鸞の思想史上の意義をあきらかにしたことは大きな意味のあることであった。

一方、親鸞の後、中世末期において、各地の門徒がこの神祇不拝の傾向を強めるあまり、神祇信仰を持つ人々との間で激しい衝突を引き起こしたことに対し、蓮如が度々門徒を抑えにかかっていたこともよく知られているとおりである。が、実はすでに親鸞自身、一方で、弥陀一仏の確信のあまりに神祇それ自体を侮蔑することのないよう、戒めてもいたことにも注目しておきたい。

まづ、よろづの仏・菩薩をかろしめまひらせ、よろづの神祇・冥道《みょうどう》をあなづりすてたてまつるとまふすこと、この事ゆめ〳〵なきことなり。

念仏を信じたる身にて、天地の神をすてまふさんとおもふこと、ゆめ〳〵なきことなり。神祇《じんぎ》等だにもすてられたまはず。

（「九月二日付、念仏の人々の御中へ」『親鸞聖人御消息集』）

親鸞のこの消息は、専修念仏禁止の攻撃をかけてくるような、その地の「領家・地頭・名主」たちの、その抱いている神祇信仰に対してまで、ことさら破壊的攻撃的行動に出ることは、かえって念仏に対する弾圧を招くだけであるという見地から、敢えて経典に出てくる仏の守護神を引き合いに出すことで、神祇を捨てるという攻撃的態度に出ないよう、関東の念仏者に対して呼び掛けたものである（春秋社版石田瑞麿『親鸞全集』第四巻「親鸞聖人御消息集」補注三九〇㈠参照）。この実践的対応としての呼び掛けに込められている思想の神髄は何か、同じ書翰の中で次のように述べている。

念仏せんひと〳〵は、かのさまたげをなさんひとをばあはれみをなし、不便(憫)におもふて、念仏をもねんごろにまふして、さまたげなさんをたすけさせたまふべし。

(同消息)

それは、弥陀に深く帰依する立場から、念仏の妨害者をも救おうという、一向専修の実践の立場からくる、無限の抱擁力ある思想、慈悲摂受《じひしょうじゅ》の思想であった。

このように、すでに親鸞の時代から、周囲の神祇信仰との摩擦・闘争を歴史的に経験している真宗門徒たちは、その基本的立場と、神祇信仰に生きる人々に対する実践的対応という現実の中で、複雑な経験をしてきたのであった。したがって、その後の一向一揆を含め、長い間の摩擦・闘争を経てきた江戸時代後期の真宗門徒の場合には、それぞれの村落・地域の歴史的形成過程の固有性をも背負った、もっともっと複雑な、独自の神祇信仰に対する対応のあり方を、各地の村落・地域で展開しているのである。

角田浜の祭礼

さて角田浜の場合であるが、現在の熊野神社は、江戸時代には本地仏が阿弥陀如来とされた熊野権現《くまのごんげん》であり、他に若宮《わかみや》・諏訪《すわ》を末社とした三社の形態をとっていた。近世中後期には、この三社に常時関わる神職、もしくは別当として管理する修験《しゅげん》などは存在せず、惣百姓で管理運営することになっていた。しかし、実際に担っていたのは、村の真宗門徒のみであったようで、日蓮檀徒は関わっていなかったようである。このことは、願正寺聞理が『年中故事』を書き始める前年の弘化二年（一八四五）に生じた、妙光寺と角田浜の真宗門徒との間の争論の経緯（大越家文書）や、『年中故事』の記載内容などから判断される。

真宗門徒のみが関わり、日蓮檀徒が関わっていない理由は、本地仏が阿弥陀如来であることに主因がある。阿弥陀如来であれば、弥陀に帰依する真宗門徒にとってはたとえ権現といえども関わりやすいし、逆に念仏無間《ねんぶつむけん》を主張する日蓮檀徒は絶対に関わりたくないであろう。真宗門徒と日蓮檀徒とでは、村の神社祭礼をめぐっても、なかなか一致点がなかったのである。

さてその三月四日であるが、『年中故事』に「当所神事」としか記されていない例年は、神職を呼んでの祭礼は執行されていない。このことは、神職を呼んだ年の『年中故事』の記載から判断できるが、この角田浜にごく近い、三根山藩領舟戸組《みねやまはんりょうふなとぐみ》六か村の宝暦年間の祭礼取り調べ帳によっても推定できる。この取り調べ帳によれば、祭礼をまったくおこなわない純真宗村落が二か村、祭礼は一〇年に一度だけで、通常の年は社前に御神酒《おみき》をあげた後、庄屋宅前に村民が集まって酒を酌み交わすだけの「神事」を執行している真宗優勢村落が三か村、それに対して、神職を呼ぶような祭礼を毎年執行しているのは、真宗が少なく曹洞宗や日蓮宗の檀家の多い一村のみである（巻町郷土資料館所蔵、舟戸坂田家文書）。だが、角田浜では、幕末になればなるほど、この簡略な「当所神事」が急速に活発化している。例年と違って社前に御神酒をあげただけではない神事をすべて記してみよう。

まず、日記が記載され始めてから五年目の嘉永三年（一八五〇）、この年は前夜から夜宮を執行、この地方で「太夫《たゆう》」と呼ばれる神職者が六〜七人も招かれており、翌四日当日には、神職の者が「舞祓《まいはらい》」を執行している。さらに、願正寺自身が「ここは浄土の地」を意味する「清浄慈門刹《せいじょうじもんさつ》」と記した仏額を献じ（この仏額は、明治維新の廃仏毀釈のときはずされた）。村の若衆も高さ二間の大灯籠を三つも献納している。

この大々的な神事は、願正寺同行らが石鳥居を再建した鳥居再建奉納の神事であった（文久二年六月の記事による）。翌嘉永四年は神職は招かれなかったものの、前年の夜宮が楽しかったのか、前夜より灯籠を奉じて人々が参集した様子。続いて嘉永五年（一八五二）にも夜宮を執行、舞を踊るため、神主・巫女《みこ》二人の他合わせて一四人もの神職関係者が来たと、聞理は後で聞いている。また、舞に使う太鼓が無いため、願正寺に時太鼓《ときだいこ》を借りに来ており、聞理は渋々貸している。

さて、間二年はまた簡略な神事に戻ったようであるが、安政二年（一八五五）には赤塚《あかつか》（新潟市赤塚）から、近隣の神事を広く担っている神主真田大和《さなだやまと》の親子二人が来ている。また、翌年にも真田大和が「老人」と「孫」の二人連れで来ている。間をおいて、安政五年は、願正寺にとっては前月九日に死去した老院の忌中であったため、太鼓を宮では打たないなど、平年よりは「密々」に執行されたが、すでに太鼓を打っての祭りが嘉永五年以来、定着していることが判る。安政七年（万延元年、一八六〇）は「大祭」で、赤塚の大和を初め、遠方からの神主らを含め神職者が八〜九人も集り、巫女なども来て「舞」をしている。このときも願正寺の時太鼓を借に来ている。このように、年々活発化して行く神事ではあるが、願正寺での大切な仏事であっても魚の群が来れば浜に飛び出して行くのと同様、神事の日でも「手操り《てぐ》」があれば、祭礼は夕刻だけの簡単なものになったりする。

文久二年（一八六二）の六月には、嘉永三年に再建した石鳥居に、柳大樹が倒れた（安政六年頃）ために痛んだのを、木の鳥居で再建している。この鳥居再建のときの棟梁幸左衛門《こうざえもん》は願正寺分家の大工であり、日頃から願正寺の世話方もしている有力同行であることと、再建の祝いに同行惣代の大越が餅を搗いて願正寺にも配っていることなどから、やはりこの熊野権現三社の運営は願正寺同行によるものであることが判る。

鳥居を再建した翌年文久三年の神事は、遷宮《せんぐう》の儀式を執行しながらも静かなものであったが、その翌元治元年には、「太夫」ら九人が来て久しぶりに夜宮を執行、願正寺からは「掛行燈《かけあんどん》」四つを貸し、さらに晩から始まった「舞」のために、「大太鼓」「幕弐張《まくふたはり》」「簾《みす》三枚」までも貸し、賑やかに祭礼を執行している。

このように、幕末になるにつれ急速に神職が関わる神事が増え、祭礼が賑やかになってきている。しかし、常住の神職が居ないことはもちろん、夜宮のための行燈も太鼓も幕も、神社独自のものはまだ何もない、すべて願正寺から借り出す始末であった。

法中講と蓮如忌

さて、三月の二十日には「御本寺会《ごほんじえ》」もしくは「大御講《だいおこう》」と呼ばれる、法中仲間《ほっちゆうなかま》（寺院組織）だけの法会《ほうえ》があるが、一般門徒は参集しない。この頃、願正寺の法中寺院は、佐渡山《さどやま》（西蒲原郡吉田町佐渡山）教願寺《きようがんじ》、馬堀《まぼり》（巻町馬堀）長光寺《ちようこうじ》、並木《なみき》（巻町並岡）源昌寺《げんしようじ》、巻（巻町巻）長厳寺《ちようごんじ》であったが、法中は完全に固定したものではなく、数年の間には入れ代わりもあった。

二十五日は、馬堀長光寺で、長光寺同行による本山直結の門徒講「馬堀寺御講」が開かれる。この日が明応八年（一四九九）三月二十五日に入滅した蓮如の正当《しようとう》であり、蓮如忌の二十五日講としての性格を維持しつつ開かれている。願正寺からは毎年住職が出て説教し、他からも説教者が来るので、願正寺の同行も数人は遠路を厭わずに行き、近隣からは門徒が参集するが、それほどの混雑はなく、同時期北陸の蓮如忌のような騒ぎはない。

二十七日は、毎月めぐる親鸞月忌の御逮夜であるが、特に多くの参詣者はない。慶応二年に参詣者が一〇人余りあったことが特記されている程度である。

三月の、日にちの決まった一般門徒の行事は以上であるが、寺僧や伴僧にとっては、三月は今一つのことでかなり忙しい。宗門帳への押印である。

宗門帳への押印

キリシタン禁制の結果による、寺請け檀家制度の、そのありのままの正確な実態を、毎年支配役所に定期的に報告しなければならない。その「あらため」の仕事、「宗旨人別改帳」（宗門帳）を作成する仕事それ自体は、村の支配を預かる村役人、庄屋の仕事である。だが、庄屋が作成した帳面に記された旦那、つまり願正寺にとっては同行の、その一人一人（戸主のみではない）の名の上に、「浄土真宗願正寺旦那」「同寺旦那」と記されたところに、寺の印判を一つ一つ押していく仕事は、寺僧が庄屋のところに出向いて押す以外に方法がない。

願正寺の同行が、角田浜村とその周辺に集中しているのであればさほどの難はない。もちろん、現代のように大都市への転居などによって、遙か遠方にまで、形だけの「檀家」が拡散しているのに比べれば、近隣に集中しているとも言えるが、この時期の願正寺の場合、同行は角田浜以外に三十数か村にわたって存在しており、この中には、二六キロほど東に離れた新津《にいつ》（新津市街地）から願正寺に頻繁に泊まり掛けで往来している仏具塗り物職人の平太郎をはじめとし、二二キロメートル離れた寄居《よりい》（現新潟市街地西部）、一五キロほど離れた坂井（新潟市坂井）や須賀（新潟市須賀）、一〇キロほどの馬堀などにも同行は散在していたのであり、その村々の庄屋宅まで、宗門帳に押印しに歩かなくてはならないのである。この宗判の仕事は、遠方各村には伴僧《ばんそう》を遣わすなどをして凌いでいるが、それでも毎年二月下旬から始めて三月いっぱいかかっている。

この寺僧の行なう宗判を同行の方からみれば、村に寺の師匠が訪れるだけのようであるが、多くの場合は、師匠への茶菓の接待などのために、あらかじめ庄屋宅に同行が控えており、願正寺同行の少ない村では、毎年同じ同行が庄屋宅で寺僧の世話に回ることになる。

寺への労働奉仕

陰暦三月は太陽暦では四月から五月に当たり、漁も田畑も、もうかなり忙しい。漁では「大網おろし」と呼ばれる地引き網漁や、「流し漁」と呼ぶ流し網漁、さらには「かかりめ（掛かり目）」と称する鰯漁などを盛んにおこなっているが、信仰上の行事と直接の関わりのないものについては省略しておく。田は三月の上旬にようやく「田打《たぶ》ち」（荒起こし）をし、中旬ごろに「すじまき」（苗代への種蒔）をする。願正寺には朱印除地ではない「仏供田《ぶくでん》」があり、帳面上は、年貢も村中で負担する角田村の惣作となっているが、実際にはあちこちの村の願正寺同行が、農作業の手順にしたがって、分担で仏供田の耕作に当たっている。

この仏供田の耕作のように、近世の門徒にとって、寺との結びつきは直接の信仰行事だけではない。他にも、柴木切《しばきぎ》り・柴木出し・萱苅《かやかり》・によ萱出し・葦取り・味噌作りなど、実に多くの「労働奉仕」にかり出される。もっとも、例えば、「柴木切り」にしても、それは、一年に何度も本堂で「御斎《おとき》」につく、その「斎飯《ときめし》」を大釜（一斗炊き）で四斗も五斗も炊くときの、炊き付けの薪となる柴を刈るものであり、そうした労働は、自分たちの信仰行事を支えるためのものであり、寺院本堂は根本的には同行全体にとっての本尊安置の場所であるという認識にもとづいて（正月一日の本堂本尊参詣を想起していただきたい）、労働に出ているのである。その点で、この「労働奉仕」は、近代日本によくみられた地域社会による半強制的な労働奉仕とも、現代の自由意志によるボランティアとも意味あいが違う。そのような、信仰行事を支えるための、門徒のみによる「労働奉仕」の多くが、この春の二〜三月に集中している。

柴木切り

まず、「柴木切り《しばきぎ》（伐り）」であるが、これが二〜三月にある。願正寺から角田山を内陸側に四キロほど迂回した南東方向の隣村、稲島《とうじま》村の願正寺同行がこの仕事に当たる。それは、刈るべき柴木の多くが、角田山の稲島村側山麓にあるためである。稲島村には願正寺同行はこの時期三八人（＝戸数）ほどいる。稲島には他の史料がないため、近世後期の詳しい檀家構成比は不明であるが、禅宗や真言宗檀家も一定数はいた。が、願正寺の柴木切りに出るのは、願正寺同行だけのことであり、他は一切関係ない。近世の村落とは、このように、同じ村の中でも師匠寺・檀那寺の違いによる生活の違いが多方面にわたって厳として存在していたのである。

さて、その稲島の同行の多くは、毎年のように（年によっては角田浜村の同行が当たる）彼岸すぎ頃に柴木を切り出し、干すために山に積み上げる。柴木そのものは願正寺がその年に刈る柴の持ち主（角田山の山麓の保有権は稲島から角田浜にかけ、上層農民の数人に分散していた）から、金二分二朱から一両二〜三分程度で購入している。同行は刈る作業と積み上げる作業にあたるわけであるが、願正寺からは嘉永年間までは酒が、安政以降は酒と飯が出されている。毎年の記事を通覧すると、およそ二〇人から三〇人程度の同行（稲島同行の大半）が出て、ほぼ午前中半日の労働に当たっている。

安政元年には二四人の労働に対し、飯六升・酒四升が出されたことが確認され、そこから判断して、安政三年の、米一斗酒五升に切り干し一重・味噌漬と香の物一重が付けられたときには、三〇人強が出ている勘定となる。ともあれ、一地域の同行がほぼ総出の状態で、願正寺で使う一年間の柴木を刈り取り、積み終わったら、一人平均二〜三合の飯を喰い、一〜二合の酒を飲んで散会するのであり、こうした労働が、願正寺での自分たちの信仰行事を支えているという自負心を、同行一人一人の中に、無意識の内に形成していたのである。安政年間以降、それまでの酒に加え、飯も出されるようになったのは、そうしたことの積み重ねの中で、同行が寺に強く要求した結果と判断されよう。

萱苅・によ積み

「柴木切り」からあまり間をおかない二月から三月下旬ごろ、今度は角田浜の真宗門徒が総出で「萱苅」「萱によ積み」をおこなう。この時期に刈る萱は、前年に伸びて冬を経て葉が落ち、茎だけ堅くなって立ったままの大きな萱で、これを寺院本堂と庫裏《くり》の屋根材に使用するのであるが、この萱でも刈ってすぐはまだ葺けるものではなく、「萱によ」にして半年おいたものを使う。「萱によ」とは、はじめに刈った萱の数束を鋭い円錐状に立てて組み、その周りに風がよく通るように、次々と萱を立てていき、高さおよそ五尺（一五〇センチメートル、萱の長さ）ほど、直径一間（一八〇センチメートル）ほどに仕立てていくものであり、こうしておいて半年山に放置しておけば、風雨に晒しても腐らず、いっそう乾燥して丈夫な萱となるのである。

さて、この萱刈には、北隣の越前浜村にある西遊寺を師匠寺とする角田の門徒もよく出て来る。願正寺の同行ではないのに出るのは、彼らもまたしばしば村寺の願正寺本堂に参詣し、御斎に連なることもあるからである。ここで、西遊寺が東本願寺派であることに特に注目しておきたい。この蒲原地方では、門徒は、本願寺の東西の派別を越え、さらには仏光寺派も含め、同じ真宗門徒として日常的に交流していたのであり（拙著『真宗信仰の思想史的研究』参照）師匠寺でなくとも、本山の派別も意識せず、日頃から参詣している村寺の萱刈の労働に、当然のごとく出て来ているのである。

この萱苅は、総数六〇〜七〇人位の男がおこなっており、角田浜村の真宗門徒の過半の家から一人ずつ出ている勘定となるが、職人の多くが出稼ぎに出た後であることが多いため、出られる男のいるすべての門徒の家から、一人ずつといった感じである。これだけの男が総掛かりで萱を刈り、刈った後は、夕方になって大きな「によ」が六つも七つも出来上がる。だからこの労働には昼食と夕飯の二回の食事が出る。この男たちの二回分の食料を賄うために、一斗炊きの大釜でほぼ五釜、四斗七升から五斗ほども炊いている。

昼食には一人四合から五合の米を大握りの握り飯にして喰い、夕飯には三合弱の飯を一人で食べている。これに青菜と油揚げの汁と切り干し大根がつけられ、夕飯には酒もついて大仕事が終わる。もちろん、炊き出す寺にも「はたらき」の女房たちが多数動員されている。真宗寺院の本堂・庫裏の屋根材も、皆門徒が毎年大わらわで用意するのである。

によ萱出し

「によ」として積んだ萱はほぼ半年山にそのまま寝かしておく。だから、この屋根材用の萱出しの仕事は秋になるが、実は秋にも別の萱場の萱を春よりは少量で有るが刈っている。この秋刈りの萱を半年寝かした「萱によ」を、山から下ろして願正寺まで運ぶ仕事がこの時期にある。それが春の「によ萱出し」である。

この萱は、十分に伸びてはいるがまだ蒼いのを刈って干したもので、主として風除けや雪除けのための「囲《かこ》い簾《ず》」などにするためのものである。量は屋根材の萱ほどではなく、それほどの大仕事ではないため、これには毎年角田浜の門徒講の内三〜四講が順番であたり、講内部で数人ずつ人員を確保し、運搬に当たる。多くの年、ほぼ同じ日に、薪にするためにやはり山に積んで干して置いた柴木を、これも講の責任で人員確保にあたり、願正寺まで運搬する。これが「柴木出し」である。近世の真宗寺院とは、かくの如くに、同行・門徒が何から何まで支えているのである。

よし(葦)取

ところで、屋根材としては萱以外にも葦がある。葦は萱よりもっと丈夫で屋根材として優れている。ただ、葦はこの当時でも、山野に自生している萱ほどには手に入らず、浜辺以外にはこれと入った河川や沼地などの水辺の少ない角田には自生したものはなく、どこからか購入しており、値も高い。だから、葦は大切な御堂の屋根だけに使用され、それも数年に一度しか購入しない。この葦の購入を『年中故事』では「葦取」と記しているが、もちろん、「萱刈」のように刈に行くわけではない。船に積んで西川《にしがわ》を下ってきた大量の葦を、汰上《よりあげ》の川岸から願正寺まで運ぶ仕事、それが「葦取」である。

嘉永四年（一八五一）の三月二十日に本堂の屋根葺き替えが始まっているが、そのための葦が二月二十六日と三月十七日の二回に分けて運ばれており、一回目は船二つ分を松尾と松山の同行が、二回目は船四つ分を角田の同行が、それぞれ「葦取」に行っている。もちろん、葦購入の費用も、屋根葺き替え工賃と含め、すべて願正寺同行の「勧物割賦《かんもつわっぷ》」で賄われるのであり、そのための惣旦中《そうだんちゅう》集会も三月三日に開かれている。

味噌作り

同行が願正寺へ行って働く仕事はまだまだあるが、もっぱら女房中が動員される仕事もある。いろいろなときの炊出しなどの台所方助力、「はたらき」にはすでに触れたが、味噌作りの仕事もすべて女たちの仕事である。

『年中故事』に記載されている味噌作りの工程は、この地域の現在の年輩者が若い時分に各家庭でおこなっていたものとほぼ同じもので、次のような手順である。一、味噌にする大豆を研ぐ「味噌豆とぎ」。二、味噌豆を煮る「味噌煮」。三、煮た味噌豆を細かく砕き、塩を入れ、こねて大きな玉状にする「味噌玉作《みそだまづく》り」。四、味噌玉を縄で縛り、吊して乾燥させる「味噌玉吊り」。五、乾燥した味噌玉に付着した煤などを洗い落とす「味噌玉洗い」。六、きれいにした味噌玉を刻む「味噌刻《みそきざみ》」。七、これを味噌樽に仕込む「味噌つき」、「味噌仕込」などとなる。

この工程が、例年ほぼ正月二十日過ぎから三月五日過ぎまでに終わるが、この作業の多くを三〜六人ほどの同行女房衆（多くは願正寺世話方女房衆）がおこなっているのである。

夏――漁と田畑に忙しい中、大法講と西遊寺御講に集う

四月

二十八日講

夏は田畑も漁も大忙しである。仏事に熱心な真宗門徒もさすがに信心の活動が少なくなる。しかし、もともとほとんど門徒だけで活動している講の独自の動きについては、僧侶の活動の備忘録としての性格が強い『年中故事』には記載が少ないため、容易には見えないのだが、注意して読んでいくと活動は意外とあるようである。例えば安政三年（一八五六）の四月一日には「今夕廿八日講執行」という簡略な記事がある。一月二十八日の項で記したように、この講は親鸞忌日にちなんだ門徒講で、嘉永元年（一八四八）に同行の周七が村内に再興したものであり、門徒が独自に開いているものである。ただ、同行の師匠である願正寺聞理がまったく関わっていない

かというと、安政七年（万延元年）一月二十八日に、「旧例朝廿八日、御座後直に布目利右衛門葬式に罷越《まかりこし》夕刻帰、直に若衆講執行」とあり、講の開かれている同行在家に出向き、法座を一席もっていることがわかる。このことは若衆講についても同様と見られ、それがほとんどの年の一月二十八日は「朝廿八日講」「晩若衆講」とだけ記され、まるで願正寺が関わっていないような記載になっており、また「旧例」とありながら、年によっては何の記載も無い年さえある。

これらのことを考慮すると、二十八日講自体は、毎年四月一日に開かれていたものと思われる。ただ、残念ながらその内容は、法座一座が推定される以外は把握できない。八日には角田から道のり一〇キロは越える並木《なみき》（巻町並岡）源昌寺《げんしょうじ》で、源昌寺同行が執行する蓮如忌二十五日講としての「寺御講」があり、願正寺からは聞理などが出勤するが、角田の門徒が参詣している様子はない。

五月

大法講

嘉永四年（一八五二）五月二十日から、前年の取り決めに基づいて、本願寺与板掛所《よいたかけしょ》配下巻方面七か寺（角田浜願正寺・巻安養寺《あんようじ》・巻長厳寺《ちょうごんじ》・間瀬専《ませせん》光寺《こうじ》・岩室慶覚寺《いわむろぎょうかくじ》・佐渡山教願寺《さどやまきょうがんじ》・曾根明誓寺《そねみょうせいじ》）が、「大法講」という寺院講を毎年年行司を決めて各寺院輪番持回りで開催している。この「大法講」は、与板掛所惣代から通達される本山御用を承り、ついでに掛所配下寺院共通の問題を皆一宿して相談、取り決めるという趣旨のもので（嘉永六年の記事）、本来は同行門徒までもが参集する性格のものではなかったようである。だが、本山御用の多くが冥加金《みょうがきん》の要請などであるため、そのまま同行門徒に依存する以外になく、それならばということで、そのときに同時に説教を数座開くことで門徒を呼び寄せ、説教者への賽銭とは別に冥加金も集めることにしたためであろう。年々、近隣の同行門徒にとって大きな行事になってきた。

法談の開始による同行門徒の参詣がいつからかははっきりしないが、遅くとも、安政二年（一八五五）の五月二十日に、年行司の願正寺で開催したときにはもうすっかりそのスタイルになっていて、本山からの御書を願正寺聞理が拝読した以外に、岩室慶覚寺の説教本座を含めて計六座（法中僧侶の到着が遅れたための時間稼ぎの説教を入れると七座）もの説教が開かれた。このとき、判割済みの賽物が七貫三五〇文もあったとあるから、同行門徒はこの日一日で銭一四貫七〇〇文も投げたことになる。これはこの時期の金相場で換算すれば、実に金二両を越える額なのである。

だが、大法講本来の目的である本願寺への冥加金はわずか一貫四〇文にとどまった。多くの同行にとっては、どれほど意義を説かれようと、やはり本山への喜捨にはあまり積極的になれず、面白い説教者への賽銭なら惜しみなく投げるのである。

文久二年（一八六二）も願正寺が御座で、このときも聞理の御書拝読の後、巻安養寺の本座を含め、説教が六座語られ、賽銭一二貫三二〇文が投じられている。これに対し、冥加金は一貫一八文で、安政二年に比べて比率の上でやや上向いたものの、依然として賽銭の一割にも満たない額であり、同行門徒の関心は圧倒的に説教にある。なお、このときの説教本座は巻安養寺（住職名は不詳）で、安政二年の説教は岩室慶覚寺恵観《えかん》であった。この当時の巻安養寺住職と慶覚寺恵観は、大友円光寺慶天につぐ説教巧者のようで、門徒の目当ては、ここでも巧者の説教にあったのである。

祖師聖人御一代記
相州国府津信楽寺

ではここで、春彼岸中日の説教で紹介した『祖師聖人御一代記』から、また別の一段を紹介しよう。話は大きく飛ぶが、親鸞が越後への流罪を受け、赦免の後、関東での長い布教を終え、性信坊《しょうしんぼう》・蓮位坊《れんいぼう》・西仏坊《さいぶつぼう》三人の弟子を連れ、帰洛を目指しての旅に出て、相模国国府津《さがみのくにこうづ》（小田原市）に立ち寄った段である。旧暦の秋九月も末、冬の十月に吹き荒れる大風が身体に凍《し》みる夜、宿が無く、あちらこちらで断られた後に、灯《あか》りを頼りに浜に出たところ、小さな塩焼き小屋に老夫婦（祖父祖母）が居た。その塩焼き小屋に宿を借りたところの話を紹介しよう。

祖父《じじ》申すには「世に、ひもじ時にまづ物無しと言ふ、祖母《ばば》よ、我らが今、夜食に食べたその団子、御粗末《おそまつ》なる物なれど、御上《おあげ》申してみやれ」と言ふ故、祖母《ばば》が盆に盛りて差し出す、聖人の仰せに「これは我が好物の珍しき団子」と押し戴《いただ》き、御あがりならんと、祖父《じじ》申すには「この団子は、この浜でキビを主に作りまする、そのキビの実を入らしたる良きところは正月の食べ物、その実の入らぬシヘ《(ヒ)》ナ《〈粃〉》が平生《へいぜい》この在所《ざいしょ》の食べ物、それに米のゆり《揺》ご《子〈屑米〉》を入れて団子に致しまする、ご覧の通り浜のことなれば、どうしても砂が混じりて取りかねまする、それに色々のがす《〈ごみ〉》や籾が混じりまして、平生食べ慣れた私どもでも、こしらへ掛けの暖かのときは食べまするが、只今は冷とうなると、どうも堅くなりては食べ難《にく》う御座りまする……」

と、遠慮がちに勧めた団子を、親鸞は、

「日本一のキビ団子、扨々《さてさて》むま《旨》い、祖母《ばば》殿良く出来た、親切御斎《おとき》、ご馳走〳〵」

と誉め、旨そうに食べる。弟子三人も師にすすめられて食べようとはしたが、とても食べられる代物ではない。

呑み込むとすれど、ぬんど《喉》につかへ通りかね、人の馳走《ちそう》を悪へ《(ひ)》とは言はれず、三人共に顔を見合せて、御《お》師匠様《ししょうさま》の御顔をつく〳〵拝み、口には言はれず心の内に思ふには、我ら共の賤しき者でさへ食べかねるに、況《いわん》や聖人様は、都に御座りては山海の珍物上がりて、何の御不足のなひ御身、殊《こと》にかゝる狭き塩焼き小屋にて、御不自由なるところを、御いとへ《(ひ)〈厭い〉》も無く御喜びなさるゝ思し召しを感じ入り、三人共にうつむきて、涙を抑へて御念仏……

その様子を見た爺に、どうなされたと尋ねられ、性信坊《しょうしんぼう》が「いや、御師匠様の御苦労が思ひ出されての事」と答えると、爺はさらに「此処《ここ》に在《おわし》ます御師匠様は何《いか》なるお方にてある」と問うので、

「この御方様は元は京の御方にて候が、我ら衆生を御済度のために、越後関東長々の御修行なさるゝ御方なり」

と答える。それを聞いた爺は、「それでは人の噂に聞いた親鸞聖人様といふ生き如来様はこの御方か」と問い、性信坊が「聖人様にて在《ましま》す」と答えると、

彼《か》の祖父《じじ》、座り直して「あら恐れ多し勿体なや、先程よりそれを知らぬ故、ただ世間の托鉢《たくはつ》の修行者の坊様と存じまし、御無礼《ごぶれい》まつぴら御免下されませ」と申し上げれば、

聖人様の仰せに「性信坊、よし無きことよはるゝ《(ゆ)〈言わるる〉》ぞ、これ祖父祖母《じじばば》よ、気遣へ《(ひえ)》いんりよはいらぬ、それに付けて、是に一つの大事がある。この世は僅かの仮《かり》の宿《やど》り、長き

未来の行く末一大事、それに付へ(ひ)て何事も、この生を受けたる者は、上の貴き人も下の賤《いや》しき人も、一度は無常《むじょう》の風に誘《さそ》はれて、死ねばならぬ身ぢや程に、露《つゆ》の命とあるからは、明日と延ばしはをれぬ程、早く急ぎて弥陀如来の本願を信ぜよ、我人のやうなる罪深き、下根愚痴《げこんぐち》なるいたづら者は、とても諸仏の本願の頼みでも、時は末代機《まつだいき》は下根《げこん》、聖道難行《しょうどうなんぎょう》とても及ばぬ、悪人ならば只今命終はるなら、泣く〳〵恐ろしき三悪趣《さんあくしゅ》、真つ逆様、炎の中で無量劫《むりょうごう》、苦しみ悲しみても無有出離の縁と、免《まぬか》れ出ること叶はぬ我人を、憐れみまします大悲の如来、何が致しても助けんとて、五劫《ごごう》が間思惟《しゆい》なされ、永劫《ようごう》の間我らになり替りて、修行成就《しゅぎょうじょうじゅ》し給へ(ひ)て、南無阿弥陀仏と正覚御成就《がくごじょうじゅ》なされ、我が本願を信ぜよ、我を頼め、罪は何ほど深くとも、必ず助くるに間違ひはせぬとある御誓を聞て、疑へ(ひ)なく信ずるとき、我ら往生は摂取《せっしゅ》の光明におさめ取り給へ(ひ)し、御恩の有り難さよと思へ(ひ)、称名念仏称へ、喜ぶばかりなり」と御疲れを省みず、御懇《おねんご》ろに御勧化（なされた）、

と、親鸞は塩焼き小屋の爺婆に教化する。これにより二人ともに親鸞に帰依、離れていた息子・娘を呼び寄せて教化を受けさせ皆帰依、村中の者も帰依し、ついに近隣諸国から聴聞に訪れる者が群参し、近くの百姓家では入りかね、御堂を建立、昼は御堂で教化し夜

は塩焼き小屋に戻るという生活、ついに一夜のつもりが七年にも及び、今の信楽寺（真楽《しんらく》寺《じ》）となった、という話が語られ、次のように聴聞の者に語りかける。

各々どうぢや、何と聞へ（ひ）て御座る、天子の清涼殿《せいりようでん》や紫宸殿《ししんでん》にて栄華《えいが》栄耀《えいよう》なされる御《おん》身上《みのうえ》が勿体《もったい》なや、今聞《きかつ》しやる通りの御苦労ぢや、我々共も、どの様なる手狭の家で招待がありても、いやぢやと言はれぬ、喩《たと》へ宿が見苦しくとも、祖師聖人の塩焼き小屋の今の七年の御逗留《ごとうりゅう》を思ふては、御勿体無《ごもったいな》へ（ひ）と、恐れ入らねばならぬ、

と説教し、後は奇瑞の話をつけ、この段を終える（以上『祖師聖人御一代記』第一九段）。

長々と引用してきたが、砂地のままの塩焼き小屋に泊まれることに感謝し、キビの団子を旨そうに喰う話から、親鸞の苦労と人柄が十分に偲ばれるところである。こうした話がこの『祖師聖人御一代記』のかなりの部分を占めており、親鸞への報恩の念が胸の底から湧き起こるように出来ており、居並ぶ同行衆には「各々どうぢや」「今聞しやる通りの御苦労ぢや」と、そここそが強調されている。間に入っている爺婆への教化については、とくに説明を繰り返すことをせずに話が進められている。これはこの種の教化は至る所でしており、とくに説明を必要とするものではないからである。だが、当時の同行の信仰内容こそを把握したい我々にとっては、この親鸞の教化の内容は見過ごせない。

説教では親鸞が直接語っている形になっているが、もちろんこれは、近世説教者の親鸞像、教義解釈によるものであり、親鸞が直接残した教説ではない。

親鸞思想と非親鸞思想

教化冒頭の「この世は僅かの仮の宿り」という現世に対する把握は、日本仏教共通のものではあるが、それを専ら人間の命の問題に限定し、「貴き人も賤しき人も、一度は死ねばならぬ身」といった角度から、命のはかなさを強調する発想は親鸞にはない。真宗教団では蓮如以後に強調されるもので、現世を自己の人生の角度からのみ捉え、人生を詠嘆的《えいたんてき》に否定する発想と言える。その前提にたって、「長き未来の行く末一大事」と「行く末」を対置することは、結局のところ浄土への往生の課題を、即、自己の「あの世」の問題として捉えることになり、仏になるという仏教の根本命題から大きく逸《そ》れていく。もちろん、親鸞の場合は、正月太子講の説教「中将姫」に対し、「末燈鈔《まっとうしょう》」を引いて示したように、「信心の定まるとき往生また定まるなり」と現生正定聚《げんしょうしょうじょうじゅ》の立場は不動であった。

ましてて「悪人ならば只今命終はるなら、泣く〳〵恐ろしき三悪趣、真っ逆様、炎の中で無量劫、苦しみ悲しみても無有出離の縁と、免れ出ること叶はぬ我人を」というような、地獄の恐ろしさを強調し、それを救うのが阿弥陀如来であるといった、まるで地獄絵図を示してのような、脅しの上に成り立つ浄土信仰のあり方は無縁であった。

もっとも、最後の「我が本願を信ぜよ、我を頼め、罪は何ほど深くとも、必ず助くるに間違ひはせぬと有る御誓を聞いて、疑ひなく信ずるとき、我ら往生は摂取の光明におさめ取り給ひし」という一節は、弥陀の本願に対する親鸞の立場、現生正定聚《げんしょうしょうじょうじゅ》の信に他ならない。

親鸞の教化として語られた短い教説の中で、親鸞思想と非親鸞思想がこのように同居しているのである。もちろん説教者は親鸞の思想として語っている。親鸞思想から見てのこうした混乱は、幕末期の同行にどの様な思想的刻印をもたらすであろうか、今少し四季の観察を続けていく中でこの問題を追跡することにし、五月大法講に戻ろう。

説教聴聞者の数

大法講では御斎がないため、人数については、聞理はただ「参詣堂に満」とだけ記しているが、一日に銭一二貫も一四貫も投じる人数とは一体どれほどであろうか。説教者によって投じられる賽銭額に大きな開きがあり、投じる同行の懐具合いにも個人差が大きいはずだから、この推計は困難であるが、仮に、あまり上手ではない説教者に銭一文、当時は四文銭も広く通用していたから、巧者にはあるいは四文、八文、投じる人によっては四〇文も投じたことを想定し、計算上、単純に一人が一座に平均八文投じたとすると、安政二年は三〇六人、文久二年は二五六人となる。願正寺本堂の広さは一〇間四方一〇〇坪で、内陣部分と奥廊下を除いた座敷部分が半分の五〇坪であるので、一坪畳二枚に五人から六人は、まさしく「堂に満つる」という表現がぴったりの数である。またひるがえって、説教には一座に対して一人平均八文程度投げる、という仮定がほぼ妥当であることも判明した。

願正寺以外での大法講については、記事がいたって簡略であるため、門徒の参詣状況は判然としないが、安政六年に角田から道のり七キロメートル程の巻安養寺で開かれたときには、「村方同行も余程参る」と記されている。角田の願正寺同行は、御座が願正寺でなくとも、行きやすいところであれば、かなりの人数がこの大法講の参詣に向かったようである。

文久三年（一八六三）以降、この大法講に変化が見える。この年は与板掛所の輪番《りんばん》恵日《えにち》寺《じ》が本山の使僧《しそう》として、本山法主よりの「御寺法御取締《ごじほうおとりしまり》」と「与板御坊所御造立《ごぼうしょごぞうりゅう》」の直命二つを披露しに下ったのに合わせ、それを大法講年行司の巻長厳寺まで出拝聴《ではいちょう》に行くことにし、日にちを一日ずらして五月二十一日に執行、直命披露に合わせて法談も行い、「当村日中も余程参詣」という状況となった。

だが翌元治元年、願正寺聞理はこの大法講から離講している。理由については、「これ迄の勤め方、種々心得難きかどもこれ有り、就中《なかんずく》、魚類の料理、他見恥入候事」と、特に魚料理が納得できないと日記には記し、年行司の間瀬専《ませせん》光寺《こうじ》への書簡には、ただ「少々故障の筋これ有り候につき」とだけ記し、離講を一方的に告げている。それに対し専光寺は、ただでさえ少ない本山への冥加金が更に減るではないか、と記して翻意を促している。これ以降大法講の記事はなく、翌慶応元年の定例五月二十日にも何も記されず、離講は黙認されたようで、そのため願正寺同行にとっても、巻など近隣での大法講に参詣しない限り、五月二十日は何もなくなった。

願正寺の離講

この願正寺の離講は何を意味するのだろうか。本山へ冥加金を献納すること自体については、願正寺はむしろ積極的で、本山との他の諸関係でも体制的と言えるほど保守派に属することが『年中故事』全体から窺える。とすれば、「魚類云々」はかなり本音で、諸記事から、相当の「堅物」ぶりが想像される聞理にとって、いい加減な寺院講のあり方に我慢できなかったのであろう。問題の「魚」を含め、台所方でそれなりの準備もし、参集寺院の全員で法談を六座も開いても、冥加金はわずか一貫一八文とか一貫四〇文程度しか集まらないとすれば、本山御用を旨とした「大法講」の意味はないということであろう。

が、それにしても、開けば説教目当てに同行が群参する寺院講の一つを、いきなりなくす（少なくとも角田では）ことを何とも思わずに独断で決してしまう寺僧聞理と、たとえ寺院講でも、説教がありさえすれば、こぞって聞きに参集する同行門徒との間には、「説教」をめぐって、つまりは「仏教」に何を求めるかをめぐって、相当の開きがあることが歴然としてこよう。

六　月
西遊寺寺御講

六月一日は、北隣の越前《えちぜん》浜村《はまむら》西遊寺《さいゆうじ》（東本願寺派）の同行が、西遊寺で開く門徒講、「西遊寺寺御講」の日である。角田にも、当時二二戸ほど同寺の同行がいた。願正寺にとっては直接の関わりはなく、嘉永二年（一八四九）になって初めて「隣寺御講」と記されているだけで、他の年もほぼ同様の記述であるため、門徒の参詣状況が見えてこない。だが、安政五年に「隣寺御講、大工惣休」と記され、ちょうど庫裏の修復に来ていた大工（願正寺同行）が、西遊寺への参詣のために全員休みを取っていることから、村内の願正寺同行の多くが参詣に行っていることが判明する。蒲原の門徒にとっては、師匠寺か否かということなどはもちろん、本山の派別さえも問題とせず、近くに真宗寺院での寺御講があれば、惣休みにしてでも説教を聞きに行くのであり、寺僧の側もそれを認めているのである。

夏は、漁も田畑も忙しい。ただし、漁は願正寺との関係は直接にはないのでここでは省き、願正寺の田、仏供田に同行がどこまで関わっているかを把握しておこう。

仏供田の耕作

陰暦のことだから実際の季節によって毎年ずれるが、ほぼ毎年四月初旬から下旬の間に、仏供田の「畔掛《あぜかけ》」「畔塗《あぜぬり》」という労働を行う。田一枚一枚の間にある「畔」の壁に、水田から、泥を浚い上げては塗り付けていく仕事で、崩れかけた畔と田とをそれぞれきちんとした畔・田に直していくものである。この、畔掛、畔塗に出る人数にはかなりばらつきがあり、少ないときは三人、多いときは八人ほどでおこなう。嘉永から安政四年頃までは角田や稲島の同行がおこなっていたが、安政五年以後は毎年松山から同行が出ている。願正寺から昼食に握り飯で三合、夕飯に二合の飯と酒少々が出されている。

田植は「畔掛」「畔塗」から一〇日ほど経った頃おこなう。その間に田を「コギル」仕事が一～二回、これは、田の中の固まりになった土を細かく砕く仕事。角田同行の女房たち二人が出てやることが多い。田植直前には「シロ押し」もある。これは、泥田の状態で田をよく均《なら》し、苗を植えやすく、定着しやすい状態にする仕事。伴僧や下男だけでこなしている。その後、いよいよ田植である。

仏供田の田植は松野尾同行の仕事と決まっている。松野尾から七人〜九人の同行が出る。田植は田仕事の中でもとりわけての重労働、願正寺では、昼と夕の二食分を用意するが、二食合わせて七人のときでも五升、九人のときには六升も八升も米を炊く。昼はそれをでかい「むすび」にし、多くは鯡《にしん》をつけて田に運ぶ。夕食には酒も弐升から三升ほどつける。「むすび」だと多く食べるとは言え、一人四合〜五合もの飯を食べ、夕食には三合〜四合の飯を食べた上で、一人三合〜四合の酒を飲む。重労働のほどがうかがえる。

ところで、角田の村の田植のときには願正寺の方は何かするであろうか。『年中故事』に「当所田植」とあるのが角田の田植の日であり、願正寺の田植よりは五日から一〇日ほど後であり、田植はまず仏供田を最初にするという真宗門徒の生活スタイルが確認される。村の田植の日、願正寺からは必ず下男の与吉や下女のきよ・はるなどが大越家の田植の手伝いに行き、伴僧の道入《どうにゅう》・円丈《えんじょう》・教宝《きょうほう》などが「村廻り」している。大越家は、庄屋と言うよりは願正寺にとっては同行惣代、世話方代表であり、忙時には常に手伝いを派遣する関係なのである。伴僧の方は「村廻り」して何をしているのかが記されていないが、村中大忙しの田植日のこと、手の足りない所に行っては手伝っているのであろう。伴僧とはいえ、ほとんどは元普通の（ごく零細の）百姓家（同行もしくは他寺院門徒）から願正寺に下働きに入っている者ばかりなのであるから。

田植した後の手入れの第一は田の草取である、記載は十分でないが、「仏供田今日迄に一番草仕回」などの記事から、数日かけての草取を何度もおこなっていることがわかる。働き手は伴僧の法歓や下女など、ほとんどは寺内の三人位で済ましているが、年によっては角田同行の女房たち三人に頼むこともある。一番草は遅くとも五月中には終えている。

願正寺の畑

願正寺には畑もあり、麦や大根などを作っている。夏早くに出来る麦は五月から六月にかけ、「むぎこき」「むぎ落し」をする。「むぎこき」は麦の刈り取り、下女数人の労働が基本のようであるが、刈り取った麦の運搬には、同行から馬を借りたりしている。「むぎ落し」は刈り取った麦藁から麦の穂（実）を落とす仕事、同行の弥吉がよく頼まれる。小麦が七斗から一石、大麦が三斗から四斗ほどの収穫である。

この労働は村の労働と相前後する。仏供田のように、寺が先とは決まっていない。手伝いのあり方も、村の麦落しのときには弥吉の家に願正寺から下女が手伝いに行き、寺の麦落しのときには弥吉やその妻が寺に行くなど、村落共同体内で通常おこなわれているのと全く同様の協同労働が、ごく普通に展開している。この面から見れば、寺院といえども、真宗寺院の場合は、同行・門徒との共同体的生活の中に、その一員として組み込まれた存在であったと言える。もちろん、田については仏供田をまず先にするなど、決して同質の一員ではなかったのだが。

大根は、多くは六月の「むぎこき」（麦刈り）のすぐ後に種が蒔かれるが、これにも同行一人から三人の女房が出て種を蒔く。

この他、五月内のことであるが、角田山林の「下草刈」にも二～三人の同行が出て願正寺に運んだり、六月末には、七月の盆の御斎に出す「ところてん」作りに、同行一人～二人が手を貸す。もっとも慶応元年には「職分之事故伝法之心掛《しょくぶんのことゆえでんぽうのこころがけ》」があるという、糀屋《こうじや》が本職の布目《ぬのめ》の条助という同行に頼んでいる。

出稼ぎ　第二陣　四～五月の田仕事、六月の畑仕事が一区切りつくと、春に旅立たなかった職人たちが、江戸へ、あるいは上州へ、水戸へと旅立って行く。春と同様、大工と木挽が主力であるが、人数は春の旅立ちよりは少ない。ただし、嘉永六年六月五日に「浜方不漁に付、旅行キ人数三拾人余り相立」と記されているように、夏場に不漁が続くと、その年の漁に見切りをつけ、三〇人余もの人が、にわか「職人」として外に出て行く。聞理はそれを「気之毒」と記しているが、幕末も押し詰まるにつれ、主として江戸での大工・木挽稼ぎが徐々に増大する傾向にあり、文久二年などは、鰯漁・いか漁などが相応の豊漁であったのに二〇人以上の大工・木挽が六月二十一日に出立しており、「不漁」に限らず、出稼ぎの比重が増大するような労働形態に移りつつあったことが窺える。物価が急騰し、攘夷感情も激しくなってきた幕末の江戸で、角田の大工・木挽たちはどんな仕事に従事していたのであろうか。ともあれ、彼らが、幕末の江戸の空気を越後の漁村に持ち帰ってくるのである。

秋——真宗門徒独自の盆と彼岸と回旦の始まり

七月
独特の盆

七月一日、陰暦ではもう秋ということだが、まだまだ炎暑。五ヶ浜の願正寺同行と在方同行《ざいかたどうぎょう》の大部分にとっては、この七月一日が盆の寺参りの日であり、願正寺本堂に参詣し、法座に連なってから御斎《おとき》につく。少ないときでも一〇〇人前後、多いときには一四〇人にもなり、平均で一二〇人余り。これは、十四・五日の両日に参詣することになっている角田およびその近辺と馬堀《まぼり》・坂井《さかい》とを除いた同行全戸の六〜七割から参詣に来ている数値である。この参詣斎付人数も文久三年（一八六三）・元治元年（一八六四）・慶応元年（一八六五）に、最高の一四〇人（八割弱）を三年連続記録するなど、幕末が押し詰まるにつれ、増加の傾向にある。

盆の御斎《おとき》は、「壺（壺皿）」に盛った心太《ところてん》がつきもので、他に「平（平椀）」には季節の夕顔・茄子・豆などがつき、「汁（汁椀）」は青菜か茄子薄切りとあり、かなりの御馳走である。そのため、飯は一人二合位しか食べない。現代人から見ればそれでも多いが、重労働のときの、飯だけ何合も食べるというのとはだいぶ違う。この御斎を支える「はたらき」や「給仕」も、もちろん同行の女房衆であり、三人〜五人が出る。

塩・米を運ぶ

角田と近在の同行は、十四日と十五日の両日の内に参詣し、御斎に付く。盆の斎付《ときつき》も男衆《おとこしゅう》（通常は戸主、稀に跡継ぎ）のみと決まっていたが、角田の同行の女房衆も、参詣だけは十四日にする。この女房衆の参詣は、多くは「盆礼」と記され、本堂参詣に先だって庫裏に塩と米を運ぶ。これについては、願正寺の方では貰うだけで、寺僧が何かするわけではないので、記載の無い年も多く、あっても簡略でわかりにくいが、毎年であることには間違いない。嘉永二年（一八四九）の記載が詳しく、「塩二俵ト四五升、米も同断位カ」とあり、翌年には「塩二俵ト壱斗余上ル」とある。この塩・米は本山への運上ではなく、主として、同行自身が御斎などで消費するための米・塩（主に漁獲物の塩漬け・味噌・漬物などに使用）であり、他に仏供田だけでは不足する願正寺乙山家《おとやまけ》と伴僧《ばんそう》下男下女一同の夫食《ふじき》分にも多少は食い込んだであろう。

角田浜では近世初期から製塩がおこなわれており、後期には全戸が「塩浜」の「浜割り」に加わっており、村の上・下それぞれ一か所に一〇程の塩釜があり、ハマホシからシオタキまで、製塩の全工程を村の女房衆が総出で取り組んでいた（『巻町史』通史編上）。

この塩と、それと同量の米を、毎年盆礼として女房衆が願正寺に持参するのである（塩が俵詰めにされていたのは、浜から遠い村々に売りに出されるためである）。

嘉永二年の記載に「米も同断カ」とあるのは、米は各人が手に袋を下げて運んでくるため、総量がすぐにはわかりにくいためであるが、同断とあることから、四斗俵二俵（八斗）と四〜五升ということであり、翌年は九斗余を運んでいる計算となる。角田の願正寺同行は九七戸であるから、一軒から約一升ずつの米を持ち寄っていることになる。

正月二日に女房衆が願正寺に運ぶ米の量がわからなかったが、おそらくこれと同じ一升と思われる。折々の御斎のたび毎に米を持参しているとも考えられるが、それでは台所方の準備も間に合わない。おそらくこの盆と報恩講と正月の年三回であろう。一戸から年三升、御斎で一回二合〜四合、重労働時には一人四合〜七合、結局一戸で一人が御斎に年六回付き、重労働二回行なって消費する米を、三回に分けて運んでいる計算となる。これが願正寺への米持参の最少量で、他に臨時の際の米運上が加わるはずである。

さて、角田から遠い馬堀と坂井の同行も十四日に参詣し、御斎につく。十四日の斎付は少ないときには二〇人を越える程度、多いときでも四〇人を越える程度で、三〇人余が平均である。

十五日は、角田の同行亭主が中心の参詣斎付で、三〇人から五〇人ほどであり、結局、この両日で角田と近在の同行の過半程度、七〇人が参詣斎付していることになる。一日と十四・十五日の全三日間で、平均一九〇人前後というこの数値は、春彼岸よりは多い数値である。

ところで、この十五日の朝、同行の多くは村の墓参りを済ませている。この時期、角田に限らず、このあたり一帯皆そうであったように、師匠寺の境内に墓があるのは、寺を支えてきた頭同行衆《かしらどうぎょうしゅう》ほんの数軒であり、大半は村の一角にある共同墓地（村墓）に墓を持つが、それも碑文を刻んだ墓石などは少なく、大多数は自然石を置いただけのものであった。その村墓に参ることを『年中故事』では「朝、旧定村方盆礼」とか「朝村方礼儀相済」などと記している。一般の盆がまずそうであったように、村墓への墓参は、真宗地帯でも近世後期の越後蒲原ではおこなっているのである（本山納骨が可能な真宗地帯では無墓も多く、墓参はおこなわれない。児玉識「浄土真宗と民俗」『歴史公論』五二、一九七六年、参照）。

和讃・文讃

真宗の盆の独自性は参詣自体にある。本堂での参詣はもちろん住職聞理らによる勤行の中でおこなわれるが、それ自体、真宗に特有な僧俗一体の読経、和讃《わさん》の諷誦《ふじゅ》、説教などが多く含まれている。『年中故事』の記載は、読経と和讃の内容についてはきわめて簡略であり、その解明は困難であったが、盆については文久二年以降になると、簡略ながらも一応の記載があり、ある程度判明した。

まず、十四日と十五日には、御日中《おにっちゅう》の初めに通常の読経がおこなわれた後、「文讃《ぶんさん》」なるものを諷誦している。年によっては和讃を何か詠った後に「文讃」に移っている。この「文讃」とは何であろうか。諸方探索した結果、二種の可能性がある。

一つは、主として親鸞の時期から南北朝頃まで流行っていたもので、漢讃《かんさん》（漢語による讃偈《さんげ》）とその和訳讃偈文《さんげもん》を並べ詠むことと推定されているものである（宮崎圓遵『真宗書誌学の研究』思文閣出版、一九八八年）。この場合は実際に詠まれた「文讃」は不明である。

今一つは、「文讃」と題する和讃自体を詠むことである。

宮崎圓遵の史料根拠が、いずれも南北朝までのものであるため、ここでは、「文讃」という和讃を詠んだものと考えておく。

それは、次の短い和讃である。

此界一人念仏名
西方便有一蓮生
但使一生常不退
此花還到此間迎
娑婆《しゃば》に念仏つとむれば
浄土に蓮ぞ生ずなる
一生常に退せねば
此花かへりて迎ふなり
一生の勤修《ごんじゅ》は須臾《しゅゆ》の程
衆事をなげ棄て願ふべし
願はゞ必ず生れなん
ゆめゆめ怠ることなかれ
光明遍照十方世界
念仏衆生摂取不捨

高野辰之編『日本歌謡集成』巻四

この和讃は、空阿弥陀仏《くうあみだぶつ》の作とされているものである。「光明遍照十方世界《こうみょうへんじょうじっぽうせかい》」「念仏衆生摂取不捨《ねんぶつしゅじょうせっしゅふしゃ》」は、もともとは観無量寿経中の句であるが、親鸞和讃にもよく出てくる偈文《げもん》であり、後は全体に、ひたすら念仏に専念することで必ず浄土に往生できると簡潔に説く、いかにも近世の浄土真宗寺院で詠まれそうな和讃となっている。

親鸞「浄土和讃」

つぎに、ただ「讃」とのみ記されている別の和讃であるが、真宗寺院で和讃を詠むとだけ言った場合、今日では、親鸞の三帖和讃《さんじょうわさん》の内、「浄土和讃」の冒頭の讃偈文《さんげもん》から、六首（もしくは三首）を引いて詠むことにほぼ決まっている。それは、次のようなものである。

弥陀成仏《みだじょうぶつ》のこのかたは
　いまに十劫《じゅうごう》をへたまへり
法身《ほっしん》の光輪きはもなく
　世の盲冥《もうみょう》をてらすなり
智慧《ちえ》の光明はかりなし
　有量《うりょう》の諸相こと〳〵く
光暁《こうぎょう》かふらぬものはなし
　真実明《しんじつみょう》に帰命《きみょう》せよ
解脱《げだつ》の光輪きはもなし
　光触《こうそく》かふるものはみな
有無《うむ》をはなるとのべたまふ
　平等覚《びょうどうかく》に帰命せよ

光雲《こううん》無碍《むげ》如《にょ》虚空《こくう》
　一切の有碍《うげ》にさはりなし
光沢《こうたく》かふらぬものぞなき
　難思議《なんしぎ》を帰命《きみょう》せよ
清浄光明《しょうじょうこうみょう》ならびなし
　遇斯光《ぐしこう》のゆへなれば
一切の業繋《ごうけ》ものぞこりぬ
　畢竟依《ひっきょうえ》を帰命せよ
仏光照曜最第一《ぶっこうしょうようさいだいいち》
　光炎王仏《こうえんおうぶつ》となづけたり
三塗《さんず》の黒闇《こくあん》ひらくなり
　大応供《だいおうぐ》を帰命せよ

「浄土和讃」『親鸞和讃集』

仏教に縁の薄い現代人には耳慣れない語が多く含まれているが、「法身の光輪」「智慧の光明」「解脱の光輪」「光雲無碍」「清浄光明」「仏光照曜」と、「光」を多用した視覚的な語をもって、弥陀の救いの絶対性が煌《きら》びやかに表現されており、その有り難さをしょっちゅう聴聞している当時の門徒にとっては、非常に感覚的でわかりやすい、弥陀への賛歌となっている。また、和讃を詠った後の説教でさらにその讃偈文《さんげもん》の意味するところを説教するのが普通であるから、一言一句はともかくも、全体的な精神は十分に理解できたと考えてよい。

和讃「中将姫」

しかし、同行門徒による自主的な講の運営を基盤とする近世の真宗法座では、この、今日のほぼ決まった親鸞「和讃六首引き（三首引き）」に限らず、先に見た「文讃」を含め、きわめて多種の和讃が、いろいろな機会に詠たわれていた。それは、管弦に祝福された「浄土」のめでたさやその荘厳ぶり、光り輝く「阿弥陀如来」のありがたさ、臨終来迎の華やかさなどについて、真宗の教義から大きく逸脱するものもふくめ、実に多様な賛歌が詠われていたのである（多屋頼俊『和讃史の研究』『和讃史概説』）。ただし、その種類があまりに多すぎるため、ここでは、従来の諸研究に依って、史料的に確認できるものの中から、最も多く詠まれていたと判断できるもののみ、数点を紹介することにする。

仰いで浄土の曼荼羅の
謂《いわ》れを略《ほぼ》尋ぬれば
人皇四十六代の
孝謙天皇《こうけんてんのう》の御時《おんとき》に
右大臣横萩《よこはぎ》の
豊成卿《とよなりきょう》の御娘
中将姫と申せしは
容顔美麗《ようがんびれい》に名も高き
年は三年の御時に
母におくれて継母《ままはは》の
御手に育ち給ひしが
十三歳の春のころ
継母君《ままははぎみ》のたくみにて
雲雀山《ひばりやま》にぞ捨て給ふ
されども中将姫君は

母をうらむ念《こころ》なく
大慈大悲の慈悲深く
母やわが身の為にとて
称讃浄土《しょうさんじょうど》の経を読み
弥陀の名号《みょうごう》怠らず
つとめ給ふぞ殊勝《しゅしょう》なる
十六歳の御時に
奈良の都へ帰りても
出家の願ひ深くして
当麻寺《たいまでら》にぞ入り給ふ
墨《すみ》の衣《ころも》に身をやつし
名をぞ法如《ほうにょ》とつけ給ふ
極楽浄土聖身《ごくらくじょうどしょうしん》の
阿弥陀如来を拝まんと
願ひ給へばありがたや

弥陀の菩薩が顕《あらわ》れて
中将《ちようじよう》法如《ほうによ》諸共《もろとも》に
壱丈五尺の曼荼羅《まんだら》に
九品浄土《くほんじようど》を顕して
極楽界の有様を
蓮の糸にて織りたまひ
末世に残しおきたまふ
中将法如そののちに
愈々《いよいよ》念仏おこたらず
宝亀《ほうき》六年三月の
中の四日の午の刻
御歳二十九歳にて
西に向ひて手を合せ
大往生を遂《と》けたまふ
その時紫雲《しうん》たなびきて
音楽虚空《おんがくこくう》に響きつつ
仏の来迎したまひて
迎へたまふぞ有難き
これをおもへば念仏を
うたがふ人は愚なり
起《お》き臥《ふ》し起居《ききよ》の分ちなく
助けたまへや阿弥陀仏
たゞ一筋に唱ふべし

（高野辰之編『日本歌謡集成』巻四）

すでに、春正月の太子講のところで詳細に紹介したので、一読しておわかりのように、嘉永三年正月二十二日に、あの大友円光寺慶天が、節談説教で演じていた浄土信仰系説話「中将姫」の和讃版であり、あの物語性豊かな説教の、まったくの骨組みだけのような和讃である。節談で演じられたものは、和讃でもよく詠われる。ここで考えたいことは、あの真宗教義から大きくくずれている浄土信仰説話「中将姫」を、説教でしばしば聞いていた同行が、和讃でも幾度か聞くとなるとどういうことになるだろうか、ということである。

この和讃では、まず、中将姫が高貴の生まれで容顔美麗であると印象づけ、その後には、節談説教でリズミカルな合戦物として語られていた、姫を嫁に取ろうとする者との争いなどはいっさい無く、継母によって雲雀山に捨てられたことがあっさりと語られた後、「大慈大悲の慈悲深く、母やわが身の為にとて、称讃浄土の経を読み、弥陀の名号怠らず」と、継母を恨むこともなく称讃浄土経を読み、念仏を称える姫を讃える主題に入り、さらに出家して当麻寺に入り、「極楽浄土聖身の、阿弥陀如来を拝まんと」していると、そこに弥陀が表れ、中将姫とともに「壱丈五尺の曼荼羅に、九品浄土を顕して、極楽界の有様を、蓮の糸にて織りたまひ、末世に残しおきたまふ」と、当麻寺浄土曼陀羅の由来に関わるくだりをきわめて簡潔に語った後、中将姫がいよいよ念仏に専心した結果、めでたく浄土に往生できたことを讃えるのであるが、その臨終来迎のクライマックスを、説教の時と同様に、「紫雲」「音楽」といった表現で飾り、聴衆を念仏の世界に誘っているのである。

ここには、説教にはまだしもあった、出家発心時の父に対する不孝の迷いと、それを還相回向の立場からふっきる他力回向の視点がまったく欠如している（二九ページ参照）。すなわち、この「中将姫」和讃において、阿弥陀如来への信仰は、臨終来迎を美しく描く、古典的な浄土信仰へのみ集束しているのである。

さらにもう一つ、ここで、そうした浄土信仰思想が、和讃という芸能表現で詠われていることの意味についても考えたい。

和讃中にも、臨終来迎を美しく飾る語として「音楽」という形容語があったが、実は、和讃自体が、仏教歌謡とも言うべきもので、この時代の民衆にとってはまさしく音楽だったのである。つまり、和讃を聞くということは、そこに表白されている信仰思想を、聴きつつ歌い、身体で体得することなのである。またなかには、ほとんど暗誦し、真似て詠う者もいたであろう。『年中故事』からは、在家の篤信者が出家法体し、伴僧として願正寺に入る者が沢山いたことが窺われるが、それらが皆次々に節談説教を語ったり、和讃を詠うことができたことを考えると、伴僧となることまでは望まないとしても、説教を真似たり和讃を詠ったりする同行大衆がかなりいたことは十分に想像できるのである。

こうして、真宗寺院での法座に集うなかで、体得された浄土信仰思想の一つが、皮肉にも親鸞の否定する、臨終来迎の思想であったわけである。一方で親鸞和讃を聴き、他方で臨終来迎の和讃にも親しむ。すでに、夏大法講の説教において、『祖師聖人御一代記』の相州国府津《こうづ》信楽寺（真楽寺《しんらくじ》）の段を引いて検討したように、親鸞思想と非親鸞思想とが同一の説教台本内に混在していたのであったが、和讃の諷誦《ふじゅ》においても、まさしく渾然一体となって展開していたのであり、それらは体得され、暗誦されていったのである。

和讃「松虫鈴虫」

和讃「中将姫」を紹介したついでに、近世の真宗寺院でよく詠まれていた和讃を、もう一つ紹介しよう。それは、「松虫鈴虫《まつむしすずむし》」という和讃である。やや長いが、今では知る人は少ないと思われるので全文を引く。

帰命《きみょう》 頂礼《ちょうらい》都にて
清き流れや吉水の
円光大師《えんこうだいし》の御弟子《みでし》にて
住蓮上人安楽房《じゅうれんしょうにんあんらくぼう》
東山なる鹿が谷
草の庵《いおり》を結びつつ
不断念仏《ふだんねんぶつ》証拠には
六時の礼賛《らいさん》怠らず
悲喜哀嘆《ひきあいたん》の御声《みこえ》にて
勤めたまへる折柄に
その頃松虫鈴虫は
容顔美麗《ようがんびれい》にありしかば
帝の寵愛《ちょうあい》日々にまし
浅からざりしことなれば
数多《あまた》の女官の嫉妬より
この世を厭《いと》ひ一筋に

菩提の道を求めんと
密かに内裏《だいり》を出でたまひ
鹿が谷へと志ざし
世に名も高き礼賛に
一念心を傾けば
上品台《じょうぼんだい》に座せしむと
称へ給へる殊勝さに
松虫鈴虫二方《ふたかた》は
聞法《もんぽう》十日に信心を
起こしたまひてそのままに
剃髪禅衣《ていはつぜんい》を願はれば
住蓮上人安楽は
詞《ことば》をそろへて御年は
何歳にならせ給ふぞと
尋ねたまへば松虫は

年は十九に鈴虫は
十七歳ぞと宣《のたま》へり
花の蕾《つぼみ》の身をもつて
出家を願ふ志
いとも殊勝な事ながら
宮仕《みやづか》へなる御方《おんかた》を
このまま出家を許しなば
帝の逆鱗《げきりん》あさからず
先々《まずまず》時節《じせつ》を待ちたまへ
わが勤むるは他力にて
出家在家の選みなく
本願力にすがりてぞ
一念帰命《いちねんきみょう》のあしたより
臨命 終《りんみょうじゅう》の夕べまで
南無阿弥陀仏と称ふれば

往生疑ひ無き由と
示したまひて剃髪《ていはつ》を
止めたまへば二方《ふたかた》は
我々出家《しゆつけ》かなひなば
あはれ貴《たつと》き法《のり》の道
夜半《よわ》にまぎれて鹿が谷
暇《いとま》を告げてたちたまふ
綾《あや》や錦《にしき》を脱ぎすてて
墨《すみ》の衣《ころも》に身《み》をまとひ
松柴《まつしば》を取り寄せ顔燻《ふす》べ
紀州粉川《きしゆうこがわ》へ落ち給ふ
その後住蓮安楽《じゆうれんあんらく》は
出家を許せしその咎《とが》で
遂に重罪になりたまふ
御痛はしやわが祖師の

円光大師もろともに
七十五歳の老《おい》の春
念仏停止《ねんぶつちようじ》とさだまりて
蒙《こうむ》りたまふその上に
衣に変はる狩衣《かりぎぬ》を
慈悲の御身に纏《まと》ひてぞ
勿体《もつたい》なくも土佐の国
流罪《るざい》にならせたまふ由
紀州粉川《きしゆうこがわ》へ聞こゆれば
心もとなき二方《ふたかた》は
かだの浦より船に乗り
御跡慕《おあとした》ひ申さんと
行方《ゆくえ》も知らず出でたまふ
　南無阿弥陀仏

（高野辰之編『日本歌謡集成』巻四）

題名の松虫鈴虫とは、女性二人の名で、後鳥羽上皇に寵愛され、宮中女官の嫉妬を受けてこの世を嫌い、浄土門に深く帰依、宮中を脱し、法然の弟子住蓮坊《じゅうれんぼう》と安楽坊《あんらくぼう》に師事、専修念仏を修して出家を志願したが止められ、法体遁世《ほったいとんせい》したものの、それが原因で法然・親鸞、住蓮坊・安楽坊らが流罪、死罪となったと知り、いずこへか消えていったと伝わる女性である（なお、承元の法難についての近年の歴史的探究については、本叢書37の平松令三『親鸞』吉川弘文館、一九九八年、を参照されたい）。

和讃中の円光大師とは法然の諡号《しごう》であるが、元禄十年（一六九七）に贈られたものであるから、この「松虫鈴虫」和讃はそれ以後の作である。なお『歎異抄』末尾の承元の法難についての記事では、住蓮房・安楽房はともに死罪に処せられた四人の中に入っている。

盆の十四日、十五日に和讃が必ず詠まれているということで、盆中の法座のところで、四季の観察の歩みはピタッと止まってしまったが、ここに「松虫鈴虫」和讃を紹介したのは、たんに真宗寺院で多く詠まれたことが知られているからだけでなく、願正寺であれば、まず確実に和讃の演題に入っていたと思われるからである。というのは、先に紹介した聞理筆写の説教台本『祖師聖人御一代記』中に、かなり長い一座分の「松虫鈴虫前の事」の段があり、つづいて「念仏停止幷住蓮安楽の事」があるからである。

＊ その全体をここに紹介する余裕はとてもないが、骨組みだけのような和讃との筋の違いだけを言えば、和讃では出家を止められた二人は、自分で法体遁世したことになっているが、『祖師聖人御一代記』では、住蓮房・安楽房が出家を思いとどまるように言うと、二人は嘆き悲しみ、入水もしかねない様子であったため、やむを得ず、剃髪の責は自分たち二人が負うとして、二女の髪を剃り落とした、となっていることである。

ともあれ、和讃「松虫鈴虫」は、浄土門に深く帰依した高貴な女性が出家するという主題において、先の「中将姫」とよく似ている。では、その浄土への信仰は同じ思想であろうか。四季の観察を今少しこの盆で止め、よく詠まれた和讃を分析しておこう。

実は、「松虫鈴虫」和讃には、真宗にとって大切な一点がある。それは、住蓮と安楽が出家を思い止まらせようとした時に語った、次の一言である。

わが勤むるは他力にて、出家在家の選みなく、本願力にすがりてぞ、一念帰命のあしたより、臨命終《りんみようじゆう》の夕べまで、南無阿弥陀仏と称ふれば、往生疑ひ無き……、

話の運びのポイントは、「出家在家の選みなく」にあるが、その根拠として示されているのが、「一念帰命のあしたより、臨命終の夕べまで、南無阿弥陀仏と称ふれば、往生疑ひ無き」というものであった。ここに、「臨命終の夕べ」という言葉こそあるが、これは

もちろん臨終来迎の思想ではない。「一念帰命のあした」からは、もう何時でも弥陀の本願力によって、信心によって浄土往生が決定するという思想、すなわち、かの「末燈鈔」における「信心の定まるとき往生また定まるなり」という思想に他ならない。

不断念仏《ふだんねんぶつ》・六時礼讃《ろくじらいさん》という、いかにも法然門下らしい念仏の行が示されてはいるが、その実は、親鸞が受け継いだ現生正定聚《げんしょうしょうじょうじゅ》の思想、すなわち、他力の信を得た者は現生において浄土往生が決定するという思想に他ならず、それを根拠に出家を思いとどめているのである。出家でない在家の門徒にとってはこの話こそ必要な話であり、ありがたい話であったはずである。その意味で、中将姫よりはずっと胸に落ちる話であったと思われる。

祖師聖人御一代記　住蓮坊安楽坊の事

ところで、『祖師聖人御一代記』には「松虫鈴虫前の事」につづき、「念仏停止幷に住蓮安楽の事」という段がある。ここには念仏者の奇瑞譚《きずいたん》として、他には見られない話がある。門徒の信仰意識形成にとって気になる話であるので、和讃松虫鈴虫に関連するものとして、紹介しておこう。

話は、松虫鈴虫を出家させた咎により、念仏停止の高札が出されるとともに、法然・親鸞の流罪、住蓮坊安楽坊の死罪が決まり、二人が刑場に送られるところであるが、途中、師法然に「法のために只今身を捨て候、果報の程嬉しく存じ候」といった手紙を記す。

住蓮、極楽に参らんことの嬉しさに身をば仏に任せぬるやと、安楽大師、上人の恩を、深きこと海よりも深し、山よりも高しと、認《したた》めて送られた。上人御覧《しょうにんごらん》あられ、さても〱両人が心底、誠に信心堅固の念仏者の例《ためし》にてこそあれと、或いは喜ばせられ、或いは悲しませられ、悲喜の御涙にくれさせられたとある。

ときに住蓮安楽庭上に据ゑ、官人罪科《やくにんざいか》の次第を申し聞かせしとき、六条河原において死罪に会はれたその時の、官人《やくにん》に暫《しば》しの暇《いとま》を請ひ、西に向ひて合掌し、今生《こんじょう》の御暇乞ひにて候ぞ、追つつけ極楽にて生身《なまみ》の尊容《そんよう》を拝み申さんことの嬉しさよ、とて、心静かに日没《にちもつ》の、礼賛《らいさん》を称ひ《(へ)》られたが不思議や、紫雲空《しうんそら》にたなびきわたりて、見る人奇異の思へ《(ひ)》をなすところ、安楽坊申さるゝは、念仏数百遍の後の十念《じゅうねん》を称うるを待ちて首を切られよ、切られて後合掌乱れず、体右の方へ倒れたらば、往生の本意を遂げたりと知るべし、とて、高声に念仏数百遍、最期に十念満る合図に、首を刎《は》ねけるが不思議や、申されたに違《たが》はず、合掌乱れず、手を合はせながら、体は右の方へ伏し斃《たお》れた。見物の諸人太刀取《しょにんたちと》りも諸共《もろもろ》に、思はず知らず、法度《はっと》を忘れて異口同音《いくどうおん》に、南無阿弥陀仏〱〱と称へぬ者は無かりた。

さて、住蓮坊は佐々木九郎吉実《ささきくろうよしざね》に仰せつけられ、近江《おうみ》の国馬淵《まぶち》に於いて首を刎《は》ねたが、落つる首より、光を放ちて異香四方《いきようしほう》に薫《くん》じ、首無き胴に数珠を繰り、落ちたる首が念仏十遍《じつぺん》まで称へられたれば、この不思議を見て、皆一同に念仏の声野山に響き、一時《いつとき》ばかり止まなんだとある。

『祖師聖人御一代記』第七段

なんとも凄まじい光景である。安楽坊の「合掌乱れず、手を合はせながら、体は右の方へ伏し斃れた」はまだしも、住蓮坊の「落ちたる首が念仏十遍まで称へられた」は、もう凄みを通り越して、今風に言えばほとんどオカルトかホラーの域である。

引用冒頭の法然への手紙から、この「落ちたる首の念仏」まで、全体としてキリシタン殉教の光景描写をさえ想起させる。専修念仏の実践によって処刑される者の心境を、まるでパライソ（楽園）へ逝く嬉しさに満ちて殉教していくキリシタンのように、「極楽に参らんことの嬉しさ」と記し、念仏の功徳を表すのに、「落ちたる首が念仏十遍まで称へられた」とまで語る、この凄さは何か。

それは偏《ひとえ》に、念仏による浄土往生の確かさと、その信仰に生きることの素晴らしさを伝えんがための情熱に他ならず、この一段は、そうした情熱がもたらした創作に違いないのであるが、しかしここにも、親鸞の思想からは大きく逸脱したものが流れている。

来迎を美しく描く思想に通じる「落つる首より光を放ちて異香四方《いきようしほう》に薫《くん》じ」はまだ許容

範囲としても、「首無き胴に数珠を繰り」は明らかに数珠繰《じゅずぐ》り念仏、すなわち、自力祈願としての念仏の姿であり、親鸞が厳しく退けたものであった。念仏信仰への確信の強さは、ついに自力の世界でしか通用しないはずの数珠繰りまでも動員して、その強さを強調したのであり、願正寺同行は、そうした逸脱までも含んだ説教をも聞いていたのである。

さて、我々はまだ盆の法座の途中であった。和讃松虫鈴虫から説教に及んだのであった。願正寺での盆の勤めは、和讃の後、「十二礼《じゅうにらい》」「八句念仏《はっくねんぶつ》」「略回向《りゃくえこう》」と続く。「十二礼」は龍樹《りゅうじゅ》作の七言四句の偈《げ》十二よりなる偈文《げもん》で、阿弥陀如来の功徳《くどく》を賛嘆したもの。

稽首天人所恭敬《けいしゅてんにんしょくきょう》、阿弥陀仙両足尊《あみだせんりょうそくそん》、在彼微妙安楽国《ざいひみみょうあんらくこく》、無量仏子衆囲繞《むりょうぶっししゅいにょう》

と、漢文音読みの読経なので和讃に比べればずっとわかりにくいが、それでも天台などの、読経自体に呪術性を持たせるための奇妙な節回しではなく、淡々と読まれていく。「八句念仏」は南無阿弥陀仏の六字名号《ろくじみょうごう》を八回称える行。「略回向」は勤行の終りに回向文を簡略な節回しで読むことであり、「願以此功徳《がんにしくどく》、平等施一切《びょうどうせいっさい》」に始まるものである。

願正寺の同行にとっては、こうした和讃・説教・読経の法座に連なることが、盆の参詣に他ならないのだが、留意すべきは、このような法座への連なりは真宗独特のもので、他宗派の、盆棚《ぼんだな》の前で祖霊供養《それいくよう》の読経を聞くのとはまったく異なるということである。

さらに、もともと、真宗の勤めは門徒同行の自主的な講活動の場としての道場での行が主体であり、寺院も本来は道場から発展したものであった。したがって、僧俗一体で唱和する行が多いのはもちろん、その意味するところも、他宗派のほとんど呪術的な響きをもつ難解な経文とは根本的に異なり、真宗では、紹介した和讃などの仏教歌謡を聞いて、涙を誘いつつ体得していくのであり、さらにこれに説教が加わって、面白おかしく聞きながら、あるいは真宗の法精神に、またあるいは真宗の教義とはずれたものにも触れながら、全体としては盆の法要をすっかり楽しんでいるのである。

盆中の法談・説教

真宗の盆が一般の盆との違いをとくに際立たせているのは、やはり盆中に特におこなわれる説教である。もっとも、一日の盆会には、説教はまず無い。本堂での読経に連なるのみであるが、もともと、一日は、角田から遠い村の願正寺同行の参詣日であり、彼らにとって盆行事の中心は、やはり村の方でおこなわれる十四日以後の盆であり、村の共同墓地に墓参した後、師匠寺ではなくとも、自村（または近村）の真宗寺院の和讃・説教・読経の法座に連なるのである。

角田の願正寺には、盆会の説教者は七月十三日にやってくることが多く、十四・十五日から二十日ごろまで連日説教している。多くは近隣、もしくは広く蒲原各地の真宗寺院の、上手な説教者がいるところからであり、あらかじめ、重複や空きが無いように、法中寺院やいくつかの説教の「御座」を提供する蒲原中の寺院同士で調整しあって、説教者を派遣している。例えば安政元年（一八五四）には、法中寺院の佐渡山教願寺《さどやまきょうがんじ》から方隆《ほうりゅう》が願正寺に説教に来るのと入れ違いに、願正寺からは、そのころ願正寺に寺役の手伝いにしばしば来ていた本町広海寺《もとまちこうかいじ》の法輪《ほうりん》を教願寺に説教者として派遣しているが、こうしたことから、蒲原の広範囲な真宗寺院の間で、緊密な連携のもとに、盆の節談説教をお互いに保証しあっている様子が窺える。

なお、ここで、佐渡山教願寺は願正寺聞理の祖母・曾祖母の実家の西本願寺派寺院であるが、本町広海寺は真宗仏光寺派であり、願正寺聞理の妻みゐの実家であることに注意したい。蒲原では、東西両本願寺派と仏光寺派の三派の真宗門徒が、それぞれ本山の派別を特に意識することなく、師匠寺でない寺院に参詣したり、派別を越えた講に集っていたことを繰り返し述べたが、寺僧の婚姻関係にもそれは及んでおり、派別ごとの法中寺院間の交流とは別に、そうした姻戚関係での、派別を越えた寺僧の日常の結びつきも緊密であり、説教者の相互交換も派別を越えておこなわれていたのである。

さて、そうした近隣・蒲原各地の寺院から来る説教者のなかでは、なんといっても大友円光寺の慶天が一番人気だったらしく、嘉永二年（一八四九）に慶天が説教に来たとき、聞理は七月二十二日の記事に、「盆会法談、大友慶天相語り候ところ、ことのほか参詣これ有り、よつて一日延ばし、二十一日初夜まで勤むる」と記している。投じられた賽銭は十三日逮夜からの合計で、一四貫二七四文にもなり、御座を提供した願正寺がこの半分を取り、慶天には金にして一両と銭七九六文を渡している。聞理は散銭の額の記事について、「近年覚え無き参詣、喜び入る」と記している。

翌嘉永三年には、佐渡山教願寺の速成《そくじょう》が『親鸞聖人御絵伝』の絵解き説教に訪れ、十三日の逮夜から二十日の初夜まで、繰り返し絵解きをしている（残念ながら賽銭の記載は「散物、〆」とだけ記載され、空白になっている）。

親鸞絵伝絵解き

このときの絵解きで掛けられた「親鸞聖人御絵伝」が、現在願正寺に残っている（口絵）。本堂に掛けられたこの四幅の掛け軸は、一番右一番下のこまから始まり、段々上に上り、次に左隣の下に移るというように進み、最後は一番左一番上のこまで終わる。この台本にも異本が多いが、最も基本的なものは「御伝鈔」または「本願寺聖人伝絵」の名で伝わる上下二冊本である。今近世期の『本願寺聖人伝絵』から語りを引き、願正寺蔵『御絵伝』中の一こまを見ながら座に連なってみよう。三幅目一番上のこまである。

A－1　板敷山で親鸞殺害の機を窺う弁円
A－2、A－3　親鸞を待ち伏せする弁円の手下

(『親鸞聖人御絵伝』) より、「板敷山」の段

聖人常陸国にして専修念仏の義をひろめ給ふに、おほよそ疑謗《ぎぼう》の輩《ともがら》は少なく、信順《しんじゅん》の族《やから》はおほし。しかるに一人の僧（山伏と云々）ありて、ややもすれば仏法に怨をなしつつ、結句《けっく》、害心《がいしん》をさしはさみて聖人を時々うかがひ奉る。聖人板敷山《いたじきやま》といふ深山《しんざん》を恒に往反《おうへん》し給ひけるに、彼の山にして度々《どど》相待つといへども、さらに其の節をとげず、つらつらことの参差《しんし》を案ずるに、すこぶる奇特《きどく》のおもひあり。よつて聖人に謁《えっ》せむとおもふ心付きて、禅室《ぜんしつ》に行きて尋ね申すに、聖人左右《そう》なく出会ひ給ひにけ

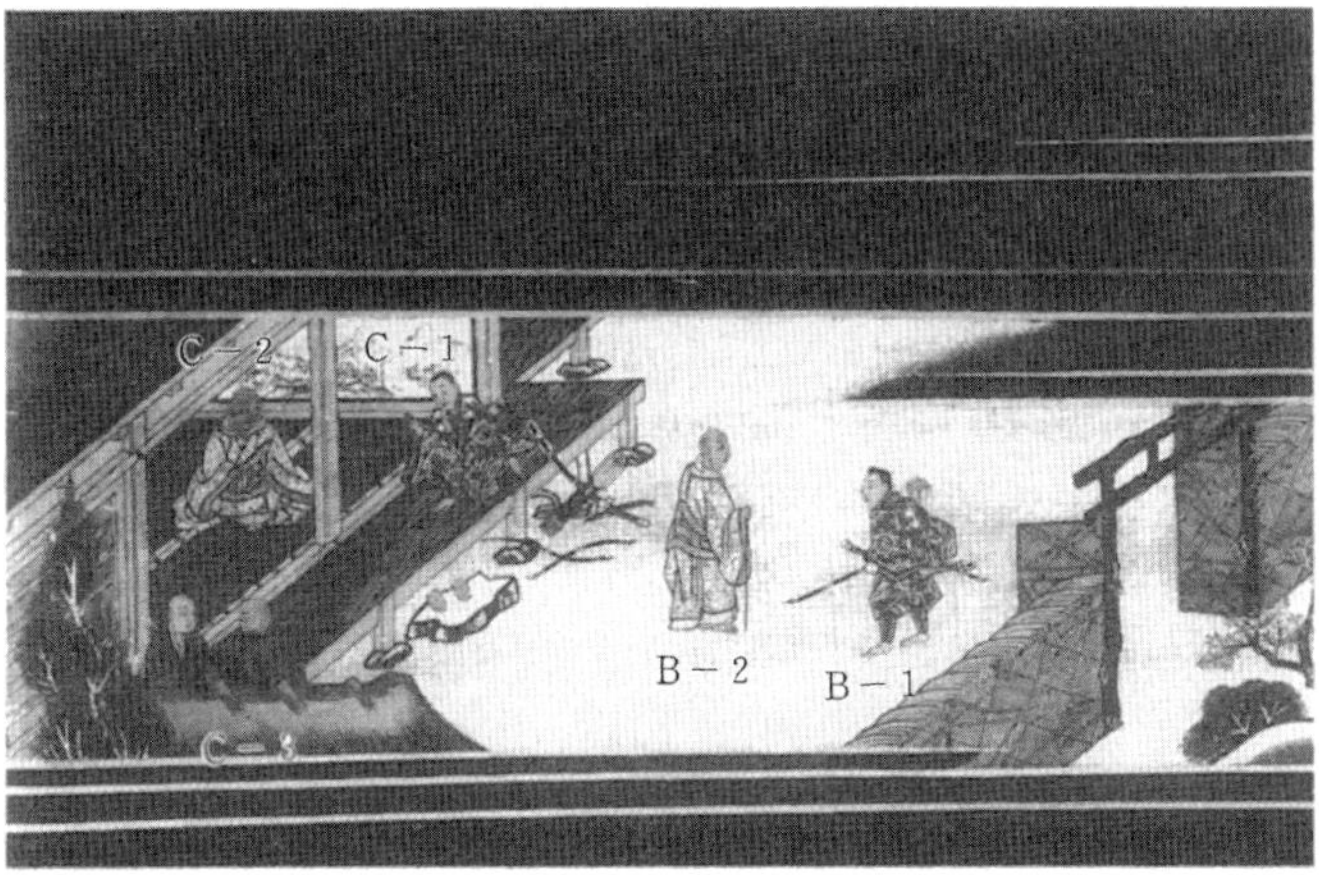

B－1　親鸞を間近に見て害心が消える弁円
B－2　弁円に会う親鸞
C－1　刀杖を捨てて親鸞を拝する弁円
C－2　弁円に説教する親鸞
C－3　親鸞の弟子　西仏房と蓮位

図4　願正寺蔵法如裏判、寛保3年『大谷本願寺親鸞聖人之縁起』

り。すなはち尊顔にむかひ奉るに、害心忽《たちま》ちに消滅して、あまつさへ後悔の涙《なみだ》禁じ難し。やや暫《しばら》くありて、ありのままに日ごろの宿《しゅく》鬱《うつ》を述すといへども、聖人また驚ける色無し。たちどころに弓箭《きゅうせん》をきり、刀杖《とうじょう》を捨て頭巾《ときん》を取り、柿の衣をあらためて、仏教に帰しつゝ、終に素懐《そかい》を遂げき。不思議なりしこと也。すなはち明《みょう》法《ほう》房《ぼう》これ也、聖人これを付け給ひき。

（『本願寺聖人伝絵』下。ただし、引用にあたってカタカナを平仮名と漢字に改めた。また「御伝鈔」『浄土真宗聖典』を参照した）

この段は、「伝絵」下巻第三段、通称「板敷山」の段である。この最も基本の「伝絵」では、明法房は当初「山伏云々」とだけしか語られていないが、『祖師聖人御一代記』を含め多くの聖人伝では「弁円」と語っており、「山伏弁円」の段としても知られている。

親鸞殺害の意図をもって板敷山で待ち伏せしていた弁円が、どうしてもうまくいかないことを不審に思い、親鸞を尋ねてみようという「奇特な」思いが生じた。会ってみると、尊顔を間近に拝しただけで、たちどころに殺意は消え、後悔の涙を流して親鸞に深く帰依、弟子となり明法房と名付けてもらった、というものである。ここには教義的なことは一切なく、ただ、親鸞が醸し出す雰囲気、辺りに漂う優しさ・高貴・有り難さ、そういったものが弁円の悔悛を誘っていて、それが主題となっている。

尊顔を拝しただけで帰依するという展開は、親鸞を祖師として慕う門徒にとっては最も単純明快な祖師への賞嘆であり、座に会した一同が無条件に首肯・合点できる話である。こうして、もうよく聞いた話でほとんど覚えている話ではあっても、改めての絵解き説教を楽しみながら、親鸞への崇敬を増していくのである。

盆中の説教には、絵解きを含むとは限らないものの、必ず誰かを呼ぼうということが、幕末期になる頃までは慣例であったようである。

嘉永五年（一八五二）には、川井長善寺が説教法談に来る予定であったが急に都合が悪くなり、代わりに佐渡山教願寺から速成《そくじょう》が来ている。十三日から二十日まで法談して、賽銭が八貫一六〇文投げられ、この半割の四貫八〇文を金二分二朱と八〇文にし、速成に渡している。銭四貫文で金二分二朱、つまり銭八〇〇文を金二朱と換算してのことであるが、この賽銭額・渡し金額がほぼ平均的な額であり、盆会の説教者の多くに、だいたいこの前後の散銭が投じられ、金二分強を渡している。翻って大友円光寺慶天の人気の高さが解るというものである。

では、ここでまた『祖師聖人一代記』から、別の一段を紹介しよう。もちろん、聞理が「盆会法談、大友慶天相語り候ところ、ことのほか参詣これ有り」「近年覚え無き参詣」と記した、あの嘉永二年（一八四九）の盆、七月十三日逮夜から二十一日初夜まで、一日延ばしてまで説教した、その時の慶天の説教がこれだというわけではないが、間違いなく人気が高く、願正寺同行が幾度となく聞いたであろう一段である。

祖師聖人御一代記
麻布山善福寺

話は、親鸞が関東の布教を終え、京へ向かう途中、当時、関東八か国真言宗の「総本寺」であった、江戸麻布善福寺《あざぶぜんぷくじ》前を通行しようとしたところである。

住僧とおぼしき大坊主、台の上に仰《あおむけ》になりて夏の炎天に我が胸を開けて干して居る、聖人不審に思召し、お尋ね給ふやうは「貴僧何故にこの炎天に胸を干し給ふや」、今の僧起きもせず答て曰《いわ》く「我はこの寺の住僧なり、世間の人はこの土用中に財宝の虫干すなり、我は僧分の身なれば一衣一鉢《いちえいっぱち》なれば、世俗と変はり我が胸方寸《ほうすん》の内に釈迦一代の説教の虫干すなり」と答ふる。聖人少しも驚き給はず「それは博覧《はくらん》な事にて御座らんが、未来成仏《みらいじょうぶつ》の覚悟は何たる法によつて証《悟》り給ふや」、その時むんずと起きあがり「これは面白へ《（ひ）》、我は今その証《悟》り究まらず、貴僧は如何」、聖人答て曰く「我はその覚悟有り、貴僧その釈迦七千余巻の広伝の法、我が胸に納め給ふと雖も、成仏の証《悟》り覚悟なくば何の所詮なし」とあるにつき、「旅僧我が寺に入り、互ひに法の問答をいたさん」と申さるゝに付きて、「それならお世話ながら今宵一宿《こよいいっしゅく》お頼み申す」と、親鸞は善福寺に入り、真言の僧了海と問答をすることになる。

ときに住僧了海の言ふ「今互ひに問答いたし、法問をすぐれ勝ちたるものが師匠となり、法につまり負けたるものが弟子とならん」と相定め、それより住僧了海「真言の秘密大乗の法は大日金口《だいにちこんく》の直説なり、この法におよぶ法他になし」と、ときに我が聖人も、弥陀本願易行他力真実《みだほんがんいぎょうたりきしんじつ》の法、浄土の三部に拠りてお答へなされ「仰せにもつとも、真言秘密大乗至極の法なりといへど、末代下根愚痴無智の、悪人女人の証《悟》り得ること難し、一切諸経に達し給ふ貴僧さへ証り得難きに、何ぞ況《いわん》や愚かなる在家無智の者に言ふにおよばず、石亀《いしがめ》が月に似たりと言ふが如く、肝心要の成仏が出来ぬ、何の所詮なし」と、詰めかけられてさすがの了海も一言も無く、暫く思案して言はるゝは「貴僧は旅僧で甚だ口賢へ(ひ)故に叶はぬ、故に今度は力勝負に相撲を取りましゃう」と言はるゝ。

と、問答に勝てなかった了海《りょうかい》は、相撲で勝負をしよう、と話は思わぬ方向へ進む。だが、親鸞は相撲というものを知らず、了海に尋ねて初めてわかるような始末。結局、言われるままに了海と組み合うが、意外にも親鸞は了海の怪力にびくともしない。予期せぬ力に了海は驚き、「これ旅僧、ただ、そう立ちてばかりおるものにあらず、互いに引きつけ、投げるものぞ」と言う。

それならば、と聖人、了海を引寄せむんずとつかみ、三間ばかり土俵の外へ投げ給へば、実に了海もたゞ夢を見た心地して、まろびおき、悔しく思へ(ひ)、「今一番」と言ふて亦《ま》た飛びかゝるを、先きの如く引きつかんで投げつけ給へば、今度は真逆さまに投げられ、土俵の真中仰のけに打ち付けられ、腰骨痛くて起きられぬ、「水よ〳〵」と言ふ居るゝ。地中の坊主参り、やう〱水を呑ませ、両手を取り、腰を抱へて吊り持ちして、やう〱居間へ上げられた、時に聖人、「これは〱、さて〱気の毒千万なり、どこぞか痛み給はんや」と仰せらるゝ、了海の曰く「これ迄、人につへ(ひ)ぞ負けたること無きに、貴僧は唯人にあらず、約束の通り、今より貴僧を師匠と頼み、我、弟子とならん、なにとぞ御教化下さる様に」と願はるゝ。時に聖人、宿善《しゆくぜん》の時至りと思し召し、他力本願の底(信か)を讃《たた》へて勧《すす》め給ふ、たちどころに他力易行《たりきいぎよう》の至極を決定《けつじよう》し給へ(ひ)、深く喜び在《まします》す。

『祖師聖人御一代記』第一七段

節談説教独特の渋みの効いた声で聞かせる、その節回しが聞こえてこないのが残念ではあるが、親鸞が相撲をとって真言の僧侶を打ち負かすなどという奇想天外なこのくだりは、『祖師聖人御一代記』の中でもとりわけ抱腹絶倒もののところで、了海が土俵の真ん中に叩きつけられ、「水よ〱と」と叫ぶあたりは、満場の大笑いを誘ったところであろう。

初めに了海が提案した教義問答で、親鸞は「真言の秘密はたしかに大乗至極であるかも知れないが、末代下恨愚痴無智の悪人女人が証《悟》り得ることは難しい」と、了海を窮地に追い込んだ上で、なお了海が提案した相撲でも勝ってしまうという、法義説教としては型破りの展開となり、弟子となることを誓った了海に、改めて他力易行の信を教えている。

真宗の盆会とは、以上のように、蓮如御文章や親鸞和讃を聞いて改めて法義の相続（正しい教義を受け伝えていくこと）に連なりながら、他方で中将姫・松虫鈴虫などの多様な和讃（仏教音楽）を聴いたり、絵解きを見たり、そしてこの『祖師聖人御一代記』などの節談説教を聴いたりなど、心底楽しむものとしての集まりだったのである。

実に、法と娯楽の真ん中に親鸞がいて、泣いたり笑いころげたりしながら、また南無阿弥陀仏と称えるのである。その泣き笑いの中で、真宗教義の相続に触れたり、教義から大きく逸れたりもしているのである。

そして、こうした説教を語ってくれる説教者の中で、願正寺同行の間で、圧倒的な人気を博していたのが、大友円光寺の慶天だったわけである。

話芸の達人
真宗　旅説教者

もっとも、かなり遠方からやって来る説教者のなかには、慶天をさらに上回るものもいた。安政四年（一八五七）七月十三日に日も暮れてから下僕連れでやってきた福島徳誓寺《とくせいじ》の義然《ぎねん》が、翌十四日から二十一日まで説教法談をすると、賽銭が一五貫二三二文投げられ、聞理はその半割七貫六一六文を、金一両弐朱と銭一四六文にして義然に渡している（なお、『年中故事』に「弐割一七貫六一六文」とあるのは、聞理の原本の記載ミスで「七貫六一六文」の書き誤り）。

遠方から来る説教者というのは、春秋の彼岸会や盆会・報恩講などで、御座となる全国のあちらこちらの真宗寺院に、あらかじめ予約をとっては訪れる真宗の旅説教者であり、ほとんどそれだけで飯を喰っている、いわばプロであり、まさしく説教巧者、話芸の達人なのである。大友の慶天もこれには勝てないようである。なお、弘化四年（一八四七）にも、はるばる長門国厚狭郡松江の常元寺《じょうがんじ》というところから、朗詠《ろうえい》という若い説教者が七月十二日にやってきているが、残念ながら、賽銭賽物の記載が無い（『年中故事』の初めのころの記載は全般的に簡略である）。

しかし、この遠方や蒲原各地から客僧が訪れて法談（説教）する慣習にも、幕末が押し詰まってから大きな変化が見られる。

安政五年（一八五八）の七月十三日に、「今年は客僧これ無き故、初夜無し」という記述が初めて見られ、その後万延元年（一八六〇）と文久二年（一八六二）に共に、「今年客僧なし」という記述が続く。なお、安政六年（一八五九）は近くの岩室《いわむろ》慶覚寺《ぎょうかくじ》から説教者が訪れ、文久元年（一八六一）には、以前に願正寺に寺役の手伝いに来ていた本町《もとまち》広海寺《こうかいじ》から法輪《ほうりん》が法談に訪れている。また、文久三年（一八六三）と慶応元年（一八六五）は説教者についての記載自体がなく、もはや客僧は来ないことが当然となった感じでさえある。

なお、元治元年（一八六四）には、大和国八木町金台寺の大峰という所化が、与板輪番所の用で下ってきた際、その年の盆会法談を願正寺に申し入れたが、それに対し聞理は「先約が有るから」と言って断っている。しかし、実際にはこの年は他の客僧による法談はおこなわれず、十四・十五の両日に、弟興麟と聞理が一座ずつ法談をしただけであった。いままで門徒が熱中していた旅説教者が急に来なくなる、もしくは来ても断わる、この変化はいったいなぜ生じているのであろうか。実はこの背景には、旅説教者・客僧に対する本山本願寺の教義統制があるのだが、これについては、別稿で改めて述べることにする。

盆の躍り

さて、今日お盆と言えば、墓参の外に、町会・部落会などを単位とした地域の「盆踊り」が各地で行なわれているが、この踊り（躍り）はどうであったろうか。

『年中故事』には、嘉永二年（一八四九）まで盆中の躍りについての記載はまったく見られないが、嘉永三年（一八五〇）の六月二十四日に将軍家慶《いえよし》の四男家定《いえさだ》（後十三代将軍）夫人、一条秀子《いちじょうひでこ》が没した際の「鳴り物停止《ちょうじ》」で躍りを延期、「停止明け」を待って十九・二十日の二日間躍っていることから、盆の躍りはすでに慣例であったことが判明する。だが、願正寺が直接関わるものではないため、その後も記載は少ない。安政元年（一八五四）七月十五日に、大雨のため村民が角田山際の岩穴で躍りをしたという記事があり、「往昔より覚え無きこと」と記してもいる。この岩穴は、日蓮宗妙光寺のすぐ近くにある。

また、安政四年（一八五七）七月十五日には、「今盆、村役留守に付き躍り無し」と記した後「しかし、内々にて昨夜より始まる」とある。こうした記事より、盆中の躍りは願正寺に参詣する仏事とは直接の関わりはなく、村役の差配のもと、日蓮宗妙光寺の檀徒も含めた角田村民の踊りとして展開されていたものと判断できる。とすれば、この踊りが真宗優勢地帯の村に近世にも多くみられた「念仏踊り」を中心にした盆踊りとは考え難い。「念仏無間」を標榜する日蓮檀徒にとっては、念仏称えつつ躍るなどはまったくもって許容し難いことであった。しかし、一方で、各地の真宗門徒は盆踊りに念仏踊りを躍っていたことが明らかにされているので、あるいは、双方それぞれの踊りを別々に行なっていたことも考えられるが、次の記事はその可能性も少ないことを予測させる。安政六年（一八五九）七月十五日の記事である。

今度、村方にてかかる大変出来《しゅったい》、上下の迷惑限りなきところ、今夕、躍りを始める。しかるところ、五つ中刻ころ、ヤグラツブレ、その内大雷大雨になる、雨には困り入り候こと。

記事中「かかる大変」とは、六月から断続的に続いている大雨と、それによる近辺各地の河川の決壊・洪水、田畑の冠水のことである。「迷惑限りなきところ、今夕、躍りを始める」という記述には、二つの事柄の間に因果関係があるように読める。ここには、あきらかに通常の民俗的な、本来の「祭り」的な「躍り」のあり方が反映している。すなわち、水難《すいなん》・旱魃《かんばつ》・流行病《はやりやまい》など、村に厄難《やくなん》がある時こそ、その祓《はら》いの祈願を込め、躍りなどの派手な祭りを執行するという民俗慣行を承けていると言える。ただし、盆中の踊りは、すでに慣例であり、厄難を祓うための臨時祭礼ではない。おそらく、村役の者などが通常の盆に水難の祓いの期待を込めていて、それを知っている聞理にこうした筆致をとらせたのである。やはり、角田の盆踊りは一村として統一した盆踊りを執行しているのであろう。

村役には日蓮檀徒もおり、全村民の一四％ほどの日蓮宗檀徒を含んだ、村としての盆踊りであれば、真宗の信仰習俗にはまったくない、祈願・厄難祓といった意味が含まれてくるのも不思議はない。願正寺に日参している真宗門徒は、果たしてどこまでそうしたことを意識していたのであろうか。興味の残るところである。

さて、以上かなり詳細に真宗門徒の盆を見てきたが、それは一般の祖霊信仰の行事とはまったく異るものであった。では次に、盆以外の秋の行事を見ていくことにしよう。

二十八日講

七月二十八日の朝、門徒は自主的に集まって講を開いている。親鸞の月忌日に開く、報恩の門徒講「二十八日講」である。聞理は門徒の自主的な講については日記前半は何も記さず、記述が詳細な後半に「旧定朝御講」などと簡単に記しているだけである。だが、こうした簡略な記事がかえって門徒講としての活動の独自性・自主性を表している。活動の内容は不明であるが、親鸞絵伝が掛けられ（あるいは「御伝鈔」が詠まれ）、正信偈《しょうしんげ》が詠まれ、念仏が称えられての集りであることは想像に難くない。聞理は勤めとしては関わっていないようであり、専ら在家門徒が寺院本堂を借りて開いているものである。「借りて」と記したが、この表現は適切ではない。正月の仏参が願正寺乙山家の喪中にもおこなわれていたことに象徴されているように、本堂は寺院住職家の私的占有物などではなく、本尊阿弥陀如来を信じる同行全体のものであり、住職に勤めを要請するしないに関わらず、そこに参集すること自体はきわめて自然な行為だったのである。

＊　現在でも、寺院本堂は宗教法人全体の所有物であり、そこに有力檀家が関わっていることは言うまでもないが、ここで注目しているのはそうした法的な所有権の問題ではなく、一般同行の意識として、「自分達同行が『同行』として信仰している御本尊、また、その御本尊を安置している本堂」という意識が生きているという現実である。

秋の彼岸

もちろん陰暦のことであるから、秋の彼岸も年によって大きく月日がずれるが、多くは八月にある。彼岸の入りと満日には本堂への参詣だけする同行が、在方からも含めて「ボツボツ」という程度の数で、ほとんどは斎付《ときつき》のある彼岸中日に参詣する。この彼岸中日の参詣人数も、年を追う毎にあきらかに増大する傾向にあり、嘉永五年までの六年間は八〇人前後であったものが、嘉永六年からは一〇〇人を超え、記載のラスト三年、文久三年・元治元年・慶応元年には一三〇人・一二七人・一三〇人と激増している。この数は、願正寺の村内同行、九七戸の全戸を基本に、村内の他の真宗寺院門徒の多くと村外の願正寺同行が若干名加わった数である。ただし、この参詣人数は春彼岸よりは少ない。それは、秋彼岸には、遠方からの説教者も近隣の説教巧者と知られた者も来ることはなく、普段は願正寺聞理と弟の興麟が一座ずつ説教するだけであり、時折、願正寺の下寺としての性格をもつ曾和《そわ》の道場から諦了《たいりょう》が来たり、法中仲間の寺院川井《かわい》長《ちょう》善寺《ぜんじ》から新発意《しんぼっち》が来たり、親戚の佐渡山教願寺から方隆が来たりする程度であって、比較的単調な仏事であるためと思われる。

もっとも、旅説教者ほどの説教巧者でなくとも、親戚などから法談説教者が来た年にはやはり参詣者は多い。記載最初の年の弘化三年が曾和の道場から諦了が来た年であるが、この頃はまだ参詣者数が翌年以降、六〇人余り・七〇人・八〇人余り・八〇人と続くような中で、九〇人の参詣者を数えている。万延元年（一八六〇）には、佐渡山教願寺（聞理の祖母・曾祖母の実家で、安政四年十二月に没した速成など、何人かの説教者が出ている）から方隆が来て前座を勤めたため、この頃には多い一二二人の参詣斎付を数え、聞理は「近年珍敷《めずらしき》斎付」と記している。また、記載最終年の慶応元年には法中寺院の川井長善寺から新発意《しんぼっち》が法談に訪れ、八月四日の中日に、文久三年とともに最高の一三〇人が参詣、半割にした賽物、金一分二朱と三三〇文を長善寺の新発意に渡している。

とは言っても、この時期は、彼岸中日の前後に、漁の網を丈夫にするために柿の渋を塗り付ける「しぶくれ」と言う作業を村中総出でおこなったり、仏供田の稲刈を直後に控えていたりで、かなり忙しい時期であり、同行門徒にとっては、その合間をぬっての法座への連なりなのであり、そうした同行らの生活全体を見回すと、忙しい中でも、法座への連なりは欠かせないものとしてあることが見えてくる。

斎付の食事は、汁が蕪菜《かぶな》、平椀にはなすとかぼちゃと藤豆の煮つけ、坪椀にはイワダラ（鱈）と、かなりの御馳走であり、そのため、飯は一人二合から三合までの間で、あまり多くはない。勝手方の「はたらき」には、相変わらず、三人ほどの同行の女房や嫁・母などが頼まれて出ており、ほかに弥吉・乙松・周松など、しょっちゅう願正寺の裏方に動員されている男達も一人ずつ程度、応援に加わっている。

勤めは阿弥陀経読経のあと、和讃（いずれかは不明）、「稽首天人所恭敬《けいしゅてんにんしょくきょう》」に始まる十二礼、六字名号を八回称える八句念仏と続き、最後は略回向（多くは「願以此功徳」に始まる回向文）を詠んで読経部分を終え、次いで、春彼岸中日にも読んだ、蓮如御文章中の念仏者の生活規範を記した、あの「御掟目」と称する御文章を読誦して終える。

五ヶ浜回旦御取越

秋にはもう一つ大切な行事、回旦《かいだん》（回檀）御取越《おとりこし》が始まる。回旦御取越とは、報恩講《ほうおんこう》の引き上げ（取り越し）を各同行の家で執行するもので、住職聞理や弟興麟あるいは、願正寺の下寺的性格が濃くなっている曾和道場《そわどうじょう》の諦了《たいりょう》などが、一地域ごとまとめて一定期間に巡回しておこなっているものである。同行の側からみれば、毎年決って寺院住職らが法要のために在家に訪れる唯一の機会であり、親鸞への報恩の法要を在家で執行する日であった。多くは八月下旬から始まるが、年によっては、寺院側の都合で他の法要と抱合せに巡回したりすると七月に始まったりする。もちろん、すべての同行の家で執行されるわけではなく、熱心な、或いは大きな家が御座となり、そこに近隣の同行が数人（数軒）連なって全同行の参加となるのである。

五ヶ浜だけは、同行の圧倒的多数が五ヶ浜村内の明楽寺《みょうらくじ》などの他の真宗寺院（多くは東派）の同行を家族構成中に含む複旦那（寺院側から言うと半檀家）である（一家族で三つ以上の師匠寺をもつ家も数多くある）ことと、五ヶ浜への往来が不便であることなどの理由によって、文久元年（一八六一）までは願正寺同行のみの家を巡る簡略な回旦が執行されていて、同行が一人でもいる家一軒一軒を廻る厳密な回旦御取越は行わず、他の真宗寺院に主役を譲っていたようであるが、元年から五ヶ浜でも正式な回旦が執行されるようになった。

この回旦では「御真影様《ごしんねいさま》」「御開山様《ごかいさんさま》」「善知識様《ぜんちしきさま》」などと呼称される親鸞御影掛軸を、五ヶ浜の同行代表である源左衛門《げんざえもん》などの迎えをまって、供奉して渡っている（多くは船で）。五ヶ浜に来れば大体は七日から八日間ぐらいは村に滞在、源左衛門宅などが宿になって御座となる同行の家を順繰りに掛軸を供奉しながら廻っている。真宗門徒の集中している村では、今日はあの家明日はあの家と、数日間は親鸞に明け暮れる日々が続くわけである。法席の内容は記録されていないが、「御伝鈔」や、「御俗姓御文」と称される親鸞の行化《ぎょうけ》の跡を語った蓮如御文章、正信偈などが詠まれたであろうことは想像に難くない（「御俗姓御文」については、冬、報恩講一七三ページ参照）。なお、他の村々への回旦御取越はほとんど十月から十一月にかけてであるので、冬の項でまた触れよう。

冬の早い越後にあって、秋が深まってくる九月は田畑の仕事で忙しい。寒くなる前に終えなければならない仕事が山ほどある。だから、八月の彼岸中日以後から九月中は法座に連なるための寺参りはない。だが逆に、忙しい時期だからこそ、同行門徒が支えるべき真宗寺院での労働も多い。

稲刈りから臼挽きまで

まず、仏供田《ぶくでん》での稲刈があるが、これは多くの場合、寺院内の者だけでおこなう。普段は伴僧として働いている「家来」一名と下女二名の計三名（年によって四名）で、区割りの小さい田八枚を二日（年によって三日）かけて刈っている。ときおり、同行の清三郎《せいざぶろう》などで、一人二人が手伝いに来たりすることもある。

稲刈りの後は、稲取り・はざ掛け、はざ入れ、臼挽きといった仕事がつづく。刈るだけ刈って田に置いてきた稲を翌日取りに行き、束ねて馬の背に乗せ、田から上げて、田んぼ道脇の「はざ木」に掛ける。これを、日記では「稲取り・はざ掛け」と記している。稲を乾燥させるための大事な仕事である。この仕事に使われる馬は同行百姓が出す。毎年三〜四匹もの馬が使われている。馬の手綱を取る鼻取り（日記には「口取り」と記されている）は、同行の妻・娘など、三〜五人ほどの女がおこなっている。

元治元年（一八六四）からは馬が牛に変わっている。前年に、伴僧の法歓が稲束をはざに掛けた後落馬しているので、それがきっかけかもしれない。それはともかく、馬と牛では働きにいろいろの違いがある。一般に、田仕事では馬の方が鼻取りの言うことをよく聞き、扱いやすく、牛は機嫌が悪いとなかなか思う方向に動いてくれない。その一方、馬は足がきゃしゃで、田と畦《くろ》の段差や整地の荒いたんぼ道などで足をとられけがをすることもあるが、牛はかなり頑丈で馬では難しいところでも使えるという利点があるという。

漁村角田浜の新田は集落から遠く、砂丘を反対側に越えた、比較的砂地の多い傾斜地に開かれていた。牛に変えた理由は定かでないが、翌年の慶応元年（一八六五）も牛を使っているところをみると、馬では危ないところがあったのかもしれない。牛は新田に近い村、松山の同行喜蔵が出している。はざはいつも不足気味で、同行の近くのはざを借りて干している。はざに掛けておく日数は天候によって大きく異なる。通常は六日から八日で干し終わるが、慶応元年（一八六五）は干した後に雨が降り続き、例年の倍の一五日間も経てようやく収納している。

稲を干して収納した後には、「稲こき」と呼ぶ脱穀と、「臼挽き」と呼ぶ籾摺《もみず》り（籾取り）の仕事がある。「稲こき」については聞理は詳細を記さず、どういう者が何人でやっているかがわからない。「臼挽き」とは、まだ籾に包まれている米を臼で挽き、籾を取る仕事である（この臼は、米を粉にする道具として「石臼」がこの地方に導入されて以後、「土臼」（どうす）と呼ばれるようになったもの）。この臼も分家である八兵衛から借りている。この「臼挽き」はかなりきつい労働であり、同行の妻など二～三人がまる一日挽きつづけ、三俵余りから五俵余りの米（一俵四斗五升入りとして、一石四斗～二石四斗）を挽き出している。もちろん、脱穀した籾米をすべて挽いたわけではなく、かなりの部分は籾米のまま「棚」に収納している。

つぎに、籾摺りした米の一部を、だんごなどにするために木臼で搗《つ》いて米粉にする「米搗き」がある。この「米搗き」には、角田の北隣の村越前浜村の者が、一人一日一六〇文の賃払いで二人雇われており（文久元年）、二人で三日かかって搗き終えている。越前浜村は全員が真宗東本願寺派の西遊寺同行であり、願正寺同行はいない。「米搗き」がなぜ越前浜なのか、その理由まではわからないが、越前浜の西遊寺同行にも願正寺の法要にしばしば参詣し、斎にも付いている者がいる。彼らにとっては、願正寺同行が師匠寺での労働にたずさわっているのと同様に、参詣寺院の労働にたずさわるのは当然のことであろう。それが、願正寺の同行ではなく、村のものでもないので、賃労働となったものと思われる。

願正寺仏供田の稲・米に関する同行・門徒の秋の労働はほぼこのようなものであるが、

願正寺の方からは、庄屋で同行総代の大越家の稲刈に、下女のしもを手伝いに遣わしている。稲以外の食料としては蕎麦《そば》があり、九月下旬頃に「蕎麦刈」をおこなうが、これも、家来・下男・下女で大体はすんでおり、ときおり少数の同行が手伝うだけである。これより先、八月の上旬~中旬にかけて、畑の麦蒔きがあるが、これは全く下女だけでおこなっている。

萱　刈

さて、仏供田は比較的小さく、基本的には師匠家族（乙山家）と伴僧・下男・下女らの食料分を賄うものであるので、関わる同行の数は多くない。しかし、仏供田の仕事以外にも師匠寺に関わる労働は数多くある。春とは違う目的の萱刈もその一つである。秋に刈る萱は、春の萱出しの項でも記したように、十分に伸びてはいるがまだ蒼く、主として風除けを目的とした「囲い簾」の材料となるもので、干しても屋根材にはならない。この秋の萱刈は屋根材のための春の萱刈ほどの大仕事ではなく、角田の願正寺同行だけ、それも女も五人ほど混ざった一五人から二〇人くらいでおこなっている。

角田山に萱場があり、屋根材用の萱を大量に残しておいて、限られた萱だけを刈る。それでも一日がかりで刈り取り、一一~一七の小型の「萱によ」にする。これも半年ほど放置して乾燥させる。

一方、この時期にほぼ前後して、春に刈り取って「萱によ」にしておいた屋根材用の萱を、山から出し下ろす仕事もある。これを、「萱荷（担い）」「萱出し」とか記している。これにも多くの同行が出ている。

寺院に関わるもので同行門徒がおこなう仕事はまだまだある。願正寺にはこの当時、竈《かまど》を並べた土間づくりの釜屋《かまや》があり、そこでの煮炊きは、もちろん薪や炭を焚いてのことであり、薪・炭を焚けば灰などの滓が多くたまる。願正寺のように多くの同行が一年に何度も御斎に付いているような寺では、竈の滓も馬鹿にならない。そこで、これを取り除く仕事が同行の仕事となる。日記ではこれを「釜屋よりどかす（土滓）取りをする」などと記している。この作業は、年に何回か行っているが、九月の上旬は特に念入りで、同行の女房たち四～五人が出て行っている。

薪や炭の滓取りが大変なほどであれば、炭の購入・運搬なども大変である。

毎年九月の中旬から下旬頃、どこの炭かは定かでないが、西川の上流山村の方から炭船が下って来ると、汰上《よりあげ》の同行嘉兵衛《かへい》が知らせに走り、知らせを聞くと願正寺は大越氏や所左衛門、太七などから馬を三～五匹借り、一四～一六俵もの炭を馬の背に乗せて運んで来る。馬を引いているのは願正寺の下女や伴僧らである。一見したところ同行は直接関わっていないようであるが、寺で購入した物資の運搬のための馬も、すべて同行が出すのである。だから炭に限らず、しょっちゅう「家来共三人牛馬ヲ借」などの記事がある。

毎年秋に、丸山の同行が無償で出す「稲藁《いなわら》」を運ぶときにも、丸山の多左衛門の馬を借りて伴僧や下女らが運んでいる。要するに、寺・寺僧が必要とするときは、いつでも同行は牛馬を差し出すのである。

さて、こうした寺院に関わる雑多な労働を一つ一つ挙げていくとまだまだきりがないくらいであるが、こうした労働を、真宗寺院とそれを支える同行の奉仕的（隷属的）労働といった視点からだけ捉えるのはやや不正確である。田植えにせよ稲刈りにせよ、農業労働の少なくない部分が、地域共同体の協同労働によって営まれているのが近世社会の一般的姿であり、一見したところ労働の奉仕的提供と見えるものの中には、共同体間での相互提供を背景にしたものもある。例えば、稲刈りの場合には、毎年大越家に願正寺から下女のしもなどが手伝いに派遣されていた。だがやはり、臼挽きなどを例として考えるならば、すべての同行の家で当然行われている大部分の労働に対して、願正寺の方から一般同行の家に手伝いを派遣している事例はほとんどない。また、大越家への稲刈り手伝いにしても、遣わされたのは下女のしもたちであって伴僧などではない。もちろん、寺僧が直接何か同行の世俗的な労働の助けをしたりすることなどはあり得ない。また一方、願正寺の方に時折稲刈りの手伝いに来るのは、ごく普通の同行であって大越家などからではない。さらに、たくさんの労働力を必要とする場合には、角田の一般同行がこぞって出て来る。また、願正寺同行でない他の真宗門徒が出る場合には賃金が支払われている。

結局、こうした願正寺への一般同行の労働奉仕の性格を規定づけるとすれば、それは、共同体の協同労働と身分制的隷属的労働とを背景に有した、道場的寺院への真宗同行としての信仰共同体的労働と表現できよう。つまり、願正寺の同行は、自分たちの信仰的結集場であり、大切な御本尊を安置しており、いつも参詣し、しばしば斎付もしているその師匠寺の必要な労働に対し、当然のごとく出てはいるのだが、その背景には、この時代のこの社会が持っている共同体的特性と身分制的特性とがともに色濃く漂っている、というものであろう。

本山・与板への奉仕

願正寺同行の奉仕的労働の対象は、願正寺だけにとどまらない。近世の本山末寺制のもとにある寺院同行として、本山や掛け所寺院（別院）への献上に関する労働奉仕も多い。

とくに、慶応元年（一八六五）の九月の与板寺院へのヒシコ（カタクチイワシ）献上は、そうした事例の代表的なものと言える。万延元年（一八六〇）九月のときには、村方檀中（同行中）から、三〜四斗ほどのヒシコが集められ、ただちに同行の女房たちが背負って行ったのであるが、慶応元年九月には、何日かかかって集めたヒシコが角田同行中からだけで二石にもなり、ほかに折戸の同行から二斗、また有力同行の所左衛門が別に塩一斗を献上、これらすべてを、同行のまだ若い妻一人と娘三人の四人だけで背負い、道なりで片道四〇キロメートルほども離れた与板御坊所《よいたごぼうのしょ》へ運ぶのである。

塩は重いのでおそらく二斗一袋で妻が一人、ヒシコ二石二斗を三俵に分け入れ（一俵七斗強入りのすごく大きな俵である）娘三人が背負ったのであろう。ところが九月二十日の早朝に角田を出てから「大風雨」となり、聞理もさすがに「心配」していた。塩はもちろん、ヒシコも雨に濡らしてはならない。「心配」は娘らの身の上についてだけではなかったであろう。ところが、翌二十一日はさらに霰混《あられま》じりの雨となる。そうしたところ、日も暮れて暗くなってから、娘たちは寒さの中、大任を果たして角田へ帰り着いている。同行の娘たちも、信心の上のこととは言え、相当につらく難儀なことであった。

冬——回旦御取越と報恩講、真宗門徒最大の行事

冬は真宗門徒にとって最大の行事、報恩講《ほうおんこう》のある季節である。報恩講とは、改めて言うまでもなく、弘長二年（一二六二）十一月に亡くなった親鸞の、その忌日二十八日を御満座として、二十二日から七日七夜にわたって執行されていた法座で、地域によっては「お七夜」とも呼ばれていたものである。

真宗門徒の冬はこの報恩講を中心に動いていた。と言うのも、報恩講には、ただこの七日間だけでなく、そのほぼ一月前に執行される「御取越《おとりこし》」もあり、その形態にも、寺院で執行される「上御取越《あげおとりこし》」や、すでに秋の五ヶ浜の例で紹介した、各同行の家々を巡回する「回旦御取越《かいだんおとりこし》」などがあって、それぞれの準備がまた忙しいのであった。

在方上御取越

まず、願正寺としては十月二十三日に「在方上御取越《ざいかたあげおとりこし》」を執行する。願正寺では漁村を「浜方《はまかた》」と称し、平野内部を「在方《ざいかた》」と称していた。在方の中には、願正寺にはやや遠い村々もあり、同行の中には、報恩講本番の時には雪などのために近隣の真宗寺院の法座に連なって遠方の師匠寺に参詣できない者も出るため、報恩講を一か月引き上げ（取り越し）、師匠寺で（上《あげ》で）執行する法座に連なることが出来るようにしていた。これが願正寺で言う「在方上御取越」である。もっとも「在方」には極端に遠い寄居《よりい》（新潟市市街区）や新津《にいつ》（新津市市街区）の同行は含まれていなかった。

この在方上御取越の準備として、まず、御斎に出される酒が願正寺で造られる。例年十月五日から七日前後に元造りが始まり、五日前後で仕上がる、これを担っているのが、酒造りの名手、角田の同行治郎吉《じろきち》であり、ときに三五兵衛《さごべえ》も引き受ける。酒用の米は糀《こうじ》にして二斗前後である。

次に、本尊御宮殿《ごくうでん》と祖師前《そしぜん》とに供えるための、丸く小さな餅、「御花束《おけそく》」をつくるのも、同行の仕事である。「けそく」とは、元来は仏前に供える餅等を盛るための、八角または六角の形状をした器（供笥《くげ》）のことであったが、真宗寺院では、その「けそく」に盛った餅を「御花束」と言い、供笥は「ろくごう」と称した。毎年十月二十一日頃、この御花束の餅をつくるのに、ほぼ一斗前後のもち米を蒸かし、搗く。嘉永から安政年間までは角田の同行弥吉《やきち》や五郎七《ごろしち》が搗いていたが、万延元年（一八六〇）からは越前浜の西遊寺同行二人が来て搗くようになり、この場合は、やはり賃銭が渡されている（二日間で二人分四八〇文、ただし二日目は早じまいであった、なお、「秋」の寺での労働の項参照）。

二十三日当日の参詣斎付の人数は、最も少ない年でも五〇人、多い年には八〇人余りで、この人数がこの当寺の願正寺在方同行の全戸数にほぼ匹敵している。七〇人前後の年が最も多く、天候によっては遠方からの参詣が困難であったから、結局、毎年各戸から一人の参詣可能な同行が、やや距離のある馬堀《まぼり》（巻町馬堀、徒歩道のり三時間ほど）や、近くは稲島《とうじま》・松野尾《まつのお》などから続々と集まって来ていることになる。多くは戸主であるが、稲島などからは戸主の母、「婆」が参詣したりもしている。

法座の法式はこの当時の願正寺での報恩講の法式に準じたもので、まず、御日中《おにっちゅう》（この場合は正午過ぎ）に読まれる阿弥陀経《あみだきょう》の読経に連なるところから始まる。それが済むと、多くはそこで法談が一席、通常は、曾和《そわ》道場の諦了《たいりょう》や聞理の弟興麟などによって語られる。それが前席で、それが済むと御逮夜《おたいや》の読経となり、和讃の文讃《ぶんさん》、龍樹《りゅうじゅ》の十二礼《じゅうにらい》、八句念仏《はっくねんぶつ》、略回向《りゃくえこう》と続いた後（七月、盆の勤行・読経の項参照）、本山門主の書翰《しょかん》風法語「御《ご》書《しょ》」の拝読がなされる。その後に、後座として住職聞理の法談がなされ、すべての法座が終わる。法談は前座も後座も多くは節談説教であるが、安政六年（一八五九）のように、将軍代替わりに伴って本山が提出する誓詞への誓約のために上京し、十月十六日に帰ってきたばかりのときなどには、本山門主の教諭をそのまま「演説」したりすることもある。

法座が済めばようやく「御斎《おとき》」である。御斎の御膳も毎年ほぼ決まったメニューである。坪《つぼ》には里芋・にんじん・ごぼう・こんにゃくを小さく乱切りに切ったものに、油揚げの細切りを絡めて濃く煮込んだ郷土の料理「こくしょう」（他の地域で「のっぺ」と呼ぶもの）が盛られ、平《ひら》には半切りの油揚げ・いも（この地域ではただイモと言えば里芋を指した）・ごぼう・にんじん・大根などを大切りにしたものの煮付けが盛られ、さらに青菜（または豆腐）と油揚げの汁がついた。

どれも土地の季節のものばかりとは言え、これだけのものを一度に食べるご馳走は、報恩講ならではである。ご飯は、新米を一人が二合半から三合近くを食べている。もちろん、角田が漁村で魚は豊富だとはいえ、報恩講は仏事、魚は一切入らない精進料理である。

報恩講が終わると引き出物も付く、大体が乾燥ぜんまいと干し昆布で、この他に本尊前に供えてあった御花束餅およそ三つずつが渡される。

例によって台所方「はたらき」に動員される同行女房中は二人から三人、給仕は男の仁四郎が勤めている。

回旦御取越

報恩講には、本番の「お七夜」以前にもう一つ重要な法要がある。すでに秋の五ヶ浜の回旦で紹介した、「回旦御取越」である。五ヶ浜以外の願正寺同行は、ほとんどが十月と十一月の報恩講本番迄に、願正寺から住職（安政元年閏七月の継職以前は父歓理《かんり》、それ以後は聞理）などを、親鸞御影や本尊絵像・門主御影の掛け軸と共に迎え、各家々で「御取越」を執行する。住職「など」と記したのは、旦那（同行）数が多く、寺役の多忙な願正寺では、住職と分担し、一定地域を分け持って回旦を勤める寺僧が多くいるからである。継職以前はまだ新発意《しんぼっち》であった聞理が老院歓理を助けてよく出ていたし、安政三年頃までは、佐渡山《さどやま》（西蒲原郡吉田町佐渡山）教願寺《きょうがんじ》の方隆《ほうりゅう》や本町《もとまち》（西蒲原郡吉田町本町）広海寺《こうかいじ》の法輪《ほうりん》が願正寺の使僧として回旦にしばしば出ている。また、願正寺の下寺的な性格が強まっている曾和（新潟市曾和）の道場主、諦了なども回旦に廻るし、文久元年（一八六一）以降は聞理の弟興麟がかなりの地域を担当して廻っている。

ここで、やや注意を要するのは、回旦御取越を頼まれている願正寺使僧の中に、同じ真宗とは言え、本山の異なる本町広海寺の法輪が含まれていることである。広海寺は真宗仏光寺派であって西本願寺派ではない。広海寺法輪が頼まれたのは、聞理の妻みゐのが広海寺の出のためである。すでに、「秋」の盆中の法談・説教の項でも、説教者として広海寺法輪が願正寺から佐渡山教願寺に派遣されていたことを述べたが、報恩講の回旦御取越という、真宗寺院にとってきわめて大切な法要においてさえ、読経の仕方や法義の解釈、つまりは宗風・宗義などで大きな違いを見せるはずの、本山の違いというものを無視した法座が営まれていたのである。もちろん、こうした実体はどちらの本山も十分には掌握していなかったものと思われる。

このことは、近世のこの時期には、地域の真宗寺院同士の日常的な交流や現実の諸事情の方が、本山による組織的統制、さらには宗義的統制よりも優先されていたことを示すものであり、見落とせない問題であろう。こうしたことの根本的な背景には、やはり、この地域で、講の結成・運営などの門徒レベルでの信仰活動が、本山の派別を無視した真宗三派（東西両本願寺派・仏光寺派）の間で、日常的に展開していたことがあったと見てよい。

さて、その回旦御取越には、願正寺の側から言うと、五ヶ浜への回旦以外に、平野部の「在方」同行に対しての「在方回旦」と、角田浜村の同行への「当所回旦」の二種の回旦があった。遠方同行が含まれる平野部への在方回旦は、願正寺での「上」の御取越がおこなわれてもなお参詣できない同行が出る可能性があるため、この日記の書き始められた弘化年間のずっと以前から必ず執行されていたようであるが、角田浜同行に対する回旦は必ずしも毎年はおこなわれておらず、おこなわれない年には角田浜同行だけに対する独自の「上」の御取越、「当所上御取越」というものが執行されていた。

当所回旦と当所上御取越

日記記載のある年の内、弘化三年（一八四六）と嘉永三年（一八五〇）、嘉永五年、安政元年（一八五四）の四回が回旦に代わって「当所上御取越」が執行された年である。十月二十四日を常例とし、他に二十七日・二十八日の事例がある。

角田で回旦がおこなわれないことがあるのは、本番の報恩講に参詣できないことはまずないはずだからということも考えられるが、それでも、その年には「上」の形で御取越が執行されるわけであるから、そうしたことが主要な理由ではない。実はそれ以上に、回旦として、住職なり使僧なりを呼べば、それなりに「御斎」として食事の用意をしなければならず、不作不漁の年には同行にとってはそれが負担となったというのが主な理由である。

嘉永三年（一八五〇）十月二十八日の記事に、「世柄悪敷《せがらあしき》に付、当所上御取越す」という簡略な記述が見られるほか、嘉永五年十月二十七日には「当所悪作《あくさく》并《ならびに》不猟《ふりょう》（不漁）に付、一統《いっとう》上御取越執行す」とあり、さらに安政元年（一八五四）十月二十四日には、「当所上御取越する、尤《もっとも》中に勤候家もあり、又自分勤《じぶんづとめ》に致居に付、延引之輩も有之《これあり》」とあり、また、前年の上御取越をやめて回旦を執行した弘化四年（一八四七）十月二十五日には「近年不猟（不漁）幷村方不仕合《ふしあわせ》に付、御取越、上取越仕来《つかまつりきたり》候処、当年作方も宜《よろしく》大猟（大漁）に付き、先年之通（村方回旦を）相始、廿四日晩大越手始」とまで記されていた。

つまり、角田の同行にとっても、御取越を回旦で各家に迎えるのが原則であるのだが、不漁不作の場合には住職らに振る舞う「御斎」が問題となり、一同揃って寺院に上がって執行する「上御取越」の方が僅かの負担で済む（米を持って上がるにしても自分らが食べるわけである）、また、「上」に参集した同行の中にはすでに特に依頼して回旦御取越を執行したような余裕のある同行もいた一方で、逆に、寺僧をまったく呼ばずに「自分勤め」ですでに御取越を済ませたのでという理由で、「上」にさえも参集しない者もいたのである。

また、「秋」の五ヶ浜回旦の項で述べたように、複旦那（半檀家）の家が圧倒的である五ヶ浜で、文久元年（一八六一）からは、一人でも同行がいる家に対して、順繰りに回旦する回旦御取越が始まったのであるが、そのきっかけとなったのは、その年に本山から「御使僧」が下ってきたときに、「御取り締まり」として、「今年回旦相始め候様」に「申し聞かされ」たからというものであった。

こうしたことから考えると、法座を開く同行の家一軒一軒に巡回しておこなわれる「回旦御取越」は、本来必ず執行されるべき法要で、十一月二十二日から師匠寺で繰り広げられる「お七夜」とセットにして、初めて一つの報恩講として完結するものであったと考えられる。またそれは、安政三年（一八五六）に最も遠方の馬堀から、書状で回旦の依頼が来たり、文久元年（一八六一）に開始された五ヶ浜同行への回旦御取越が、同行からの依頼でもあったことなどを見ると、一定度の経済力のある同行や信仰心の深い同行にとっての願いでもあったことが見えてくる。

ところで、「当所上御取越」は安政元年（一八五四）が最後で、以後は冬に日記記載のある最終年、慶応元年（一八六五）まで、毎年必ず「当所（村方）回旦」が執行されている。では、これらの年、角田の漁や田畑の状況はすべて順調だったのだろうか。『年中故事』中の漁の記載を丹念に追い、また多量の大越家文書などと照合していくと、やはりそうそう順調であったわけではないことが見えてくる。

まず、安政四年は、夏以降かなり不漁が続いている。また、安政六年は漁の方は十月に入ってから持ち直しているが、田畑の方は大雨続きで不作、さらに前年来西日本から流行ってきたコレラがこの年の八月になって角田で大流行している。文久元年（一八六一）と二年は大漁続きであるが、三年は田畑は良好のようであるが漁は不漁、十二月のタコ漁で一気に持ち直してはいるがそれは報恩講終了後のことである。元治元年（一八六四）は夏以来の不漁が十月に入ってようやく持ち直した程度である。

こうしてみると、安政二年以降、角田で「上御取越」を執行せずに、必ず回旦御取越をおこなったのは、「世柄悪敷」とか「不漁」とかの状況が無くなったからではなく、願正寺と同行の双方に、御取越はやはり回旦で、多少大変でも同行の家で執行しようという思いが強くなってきたためと判断される。

もちろん、先述したように同行すべての家で執行されるわけではなく、熱心な、もしくは大きな家を御座とし、そこに近隣の同行が数人（数軒）一緒に連なる形式ですべての同行が参加するのであるが、残念ながら御座を開いた家の実数までは把握できない。だが、回旦に廻っている日数からして、かなりの同行が自家で御座を開いている。それも、年々増大していることが確実に窺える。

回旦御取越を自家を御座として執行するという面から見ても、幕末が押し詰まるにつれ、真宗門徒の信仰の集いは、いよいよ熱心になってきていると言えよう。

越後の冬は早い。在方回旦と当所回旦は十月上旬から始まって十一月二十日近くの報恩講直前まで続く。陰暦のことで、その間に雪が降りはじめることが多い。蒲原地方、特に角田浜あたりは越後では雪の最も少ない土地である。それでも、この降りはじめ頃の雪が大雪となることがしばしばある。

大雪の中の回旦

文久二年十一月七日、前夜から降り始めた雪は朝までには三〇センチを越えていた。だが、丸山《まるやま》（新潟市神山、角田から砂山を登り、徒歩で二時間弱のところ）の熱心な同行治郎兵衛《じろべえ》の家で、前年に発足した北山《きたやま》・木戸《きど》（新潟市東山）の願正寺同行と組んだ新しい門徒講の講仕舞い（一年間の講活動仕舞い）への出勤要請があったため、聞理は弟興麟と共に昼の御斎に間に合うよう出勤、雪の中、道がまったく見えない状態となり、「大難義」をする。興麟はその晩北山での回旦に廻り、聞理は治郎兵衛宅に泊まる。翌八日朝、その家の月忌《がっき》を勤めた上で、聞理は同じ丸山の講仲間太左衛門《たざえもん》宅に移り、新たな門徒講の御本尊「御講仏様《ごこうぶつさま》」を前にしての初めての報恩講御取越を執行、その後、興麟と落ち合って帰路につくが、大吹雪となる。それでも途中約束の松山（巻町松山、角田までは砂山と角田山北斜面との間の道を通ってあと二キロほど）の回旦御取越がその日の晩にあったので、それを済まし、雪の中すっかり暗くなってから帰寺する。聞理は「半死半生漸《ようや》く帰寺す」と記し

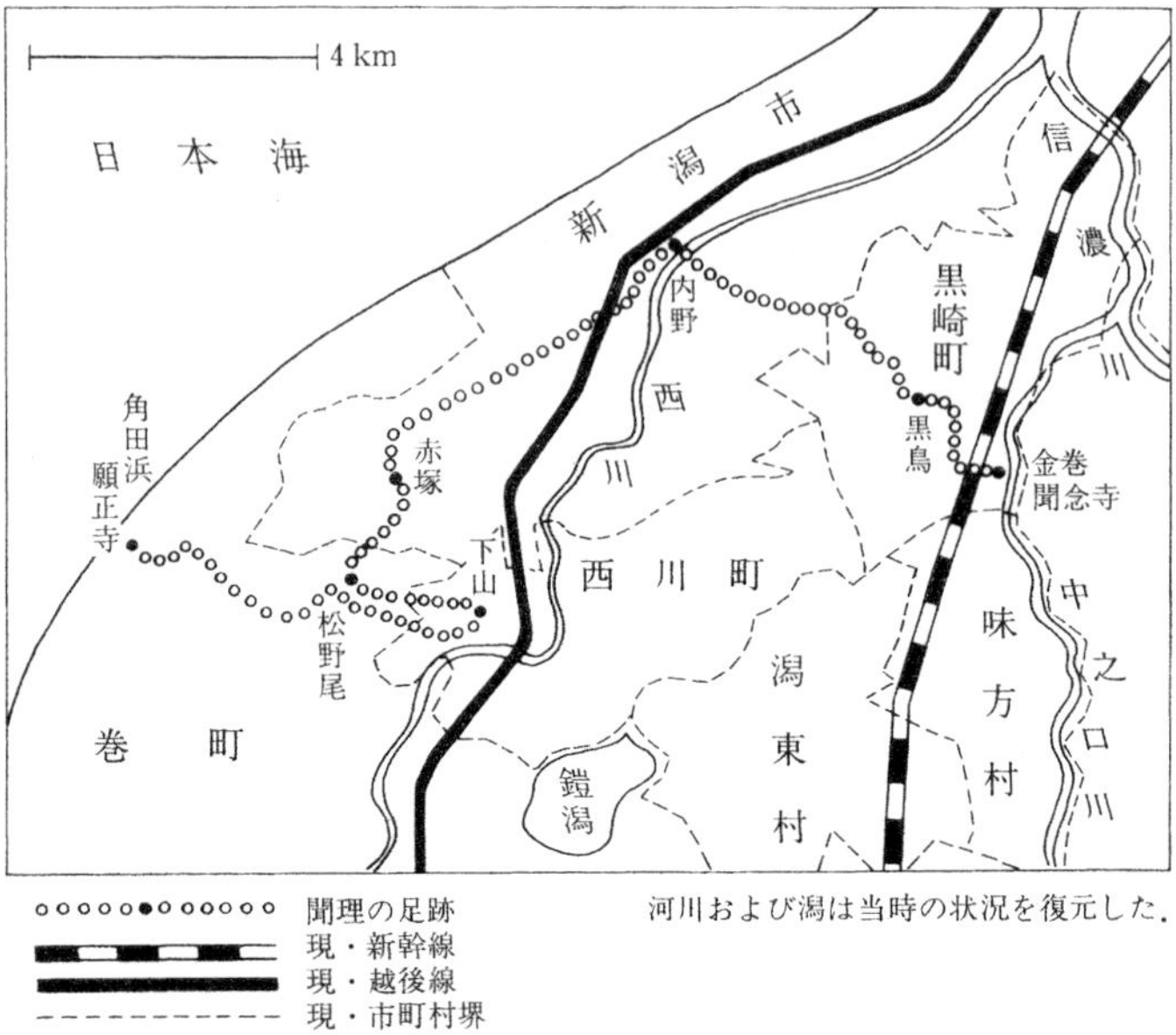

河川および潟は当時の状況を復元した.

図5　大雪の中の回旦（文久3年11月）

ている。雪はすでに「二尺余（六〇センチ以上）」にもなっていた。「近年覚無事《おぼえなきこと》」とある。

翌年文久三年十一月にはもっと大変な目に遭う。十四日、聞理の母ひでの実家、金巻聞念寺《かなまきもんねんじ》（新潟県黒崎町《くろさきまち》金巻、真宗東本願寺派）から住職重病の知らせを受け、雪がちらつき始めた中を出掛け、無事に伽《とぎ》（話し相手）を勤め、そのまま十六日朝まで滞在、その間十五日も「少々雪降」り、十六日も「早朝より風なし雪降」るという状況であったが、晩には大越家で回旦の御取越を執行する約束があったために、その朝金巻を出る。近くの黒鳥《くろとり》（黒埼町黒鳥）まで来たときすでに三〇センチの積雪、いったん内野まで下ったときには六〇センチにもなっていた。やや回り道でも辿りやすい道なのであろう、赤塚《あかつか》（新潟市赤塚）から松野尾《まつのお》（巻町松野尾）へと出たが、すでに積雪は一メートル近くにもなってしまった。

激しい吹雪の中「実に往来も成り難き事と存じ候得共」、ひたすら「今晩大越氏之御取越に付き、成る丈帰寺」しようと、途中より道連れの者と共に、必死に歩こうとするが、「道之形も不相分《あいわからず》」、そうこうしている内に日も暮れ、「雪は弥増降《いやましにふり》、方角失」い、「山形林も不見《みえざる》」状況となり、「最早野宿致覚悟候処」、「不思議に少々之中《のうち》晴」となってようやく村が見えたため、声を立てて助けを呼んだところ、同行の「徳兵衛忰弁弟」の二人が出てきてくれた。

この「徳兵衛忰弁弟」とは、願正寺過去帳で捜索したところ、下山《しもやま》（新潟県西蒲原郡西川町下山）の同行であった。松野尾から角田方向とはまったく正反対の方角へ二・五キロほども迷い込んでしまっていたのである。ともかくもこの二人の若者が角田浜東の砂山まで道を開いてくれ、願正寺まで伴ってくれ、ようやく帰院することが出来たのであった。

聞理は、かろうじて「一命を拾」ったと記し、そのまま筋向こうの大越家へ行き、どうにかこうにか御取越を執行している。徳兵衛家の若者二人は酒と飯を振る舞われそのまま雪道を帰宅、翌日には願正寺から「謝儀として手酒壱升」と、報恩講用に搗いた切り餅が「少々」遣わされている。一方、大越家での御取越では、結局一緒に連なった近在の同行が皆帰れずに「惣泊まり」という有様、聞理は「前代未聞之事」と記している。

十六日の夜に聞理が記した、「後年末々迄も雪道夜中は堅く無用、日中迚《とも》も雪荒れは成る丈道中見合はせ申すべく候事」という遺戒の言は、この時代の雪道道中の怖さを十分に語っている。回旦御取越も、越後ではときに命がけのこともあったのである。

ところで、十七日は晴れたものの、「村中も容易通行難相成《あいなりがた》」い状態であった。そのため、角田村内に居る西遊寺同行の治郎左衛門《じろざえもん》は「御取越」を予定していたものの、やや距離のある北隣越前浜の西遊寺までは、親鸞御影などの迎えに出ることが難しいため、願正寺へ出勤を依頼、仕方なく聞理が御影などを供奉して出張している。なお、ここで、西遊寺が東本願寺派であることに、とくに注意しておきたい。

熱心な同行にとって、自分の家での御取越は、雪が降ろうと槍が降ろうと、導師の派が師匠寺と違おうと違うまいと、どうしてもやらなければならない仏事だったのである。

酒造り

さて、本番の報恩講ともなると、その準備もまた忙しい。まずは、報恩講に欠かせない酒造りから始まる。これもまたすべて寺の中で造られる。もっとも、これにはなかば専任の同行がそれにあたるだけで、多くの同行が関わるわけではない。が、量的には十月二十三日の在方上御取越のときよりずっと多くの酒が造られる。

まず、十月十五日から二十日頃までの間に糀《こうじ》が購入される。当初は布目《ぬのめ》（巻町布目）の利右衛門《りえもん》だけから購入していたが、糀屋を始める者が次々に増え、安政元年（一八五四）からは五ヶ浜の忠治郎《ちゆうじろう》が加わり、万延元年（一八六〇）には巻の浅治郎《あさじろう》もあらたに売り込みに来たし、文久二年（一八六二）には松野尾の仁右衛門《にえもん》（山本家、願正寺有力同行）の分家、条右衛門《じようえもん》からも買っている。皆いずれも願正寺の同行である。聞理は、浅治郎が来てからは、五ヶ浜忠治郎には雪季酒（正月酒）の糀を頼むことにし、以後は大体布目利右衛門と巻浅治郎から、およそ六斗から八斗ほどの糀を、一斗あたり七〇〇から八〇〇文前後で購入している。

杜氏《とじ》役は、日記記載の始まる弘化三年（一八四六）から安政六年（一八五九）までは、もっぱら治郎吉《じろきち》が勤めており、それを弥吉《やきち》や三五兵衛《さごべえ》、五郎七《ごろしち》などが手伝う。皆、角田の願正寺同行であり、五郎七は庄屋大越の分家である。万延元年（一八六〇）以後は治郎吉に代わって願正寺分家の幸左衛門《こうざえもん》が杜氏役を勤め、弥吉が手伝っている。交代の理由は何も記されてなかったが、元治二年正月十三日の記事に、「昨日治郎吉父八十六才に(て)死去、今日出棺、此仁《このじん》在命中、当院之酒数十年造候に付」とあった。なんと、安政六年に最後に勤めたとき、治郎吉は八十歳だったのである。そう言えばその年、翌年から一人で造りだした幸左衛門が手伝っていた。跡を継がせるために、老骨に鞭打ちつつ、秘訣を伝授していたのであろう。濁り酒とはいえ、旨い酒を造るには相当の熟練を必要としたのである。

　この酒造りは、十月二十四日頃に「元造り」を始め、三、四日ほど経って「中掛け」をし、あと一日二日で「仕廻」となるまで、六日から九日間ほどかけている。終わると、願正寺は杜氏役と手伝いの者に夕食の「仕廻振る舞ひ」をする。安政三年までは決まって雑煮の振る舞いだったが、四年からはソバに代わった。ソバになってからは、その日は朝から所兵衛《しょべえ》が寺に上がり「そば切り」をする。ソバは寺でありながらも鶏肉の入ったしたじ(つゆ)で食べた。所兵衛ももちろん、角田の同行である。ただこれだけの「振る舞ひ」にすぎないのだが、その日が十月二十七日や二十八日になったりすると、「御日柄」を考慮して日延べをする。二十八日は親鸞忌日の月忌日、二十七日はその御逮夜である。この二日だけは、毎月かなり気を使っている。同行ももちろんそのことを熟知している。

御花束餅搗き

酒造りより、もう少し多くの者が関わるのが、報恩講七日の間、本尊御宮殿と祖師前に供える、あの御花束《おけそく》をつくる仕事である。在方上御取越の準備のところでも述べたように、小さく丸めた餅「御花束」は、報恩講独自のお供えであり、終われば参詣の同行達に配られるものである。これも在方上御取越のときよりもずっと多量につくるため、かなり大がかりである。まず御花束用として、もち米を五斗ほども（年によって五斗五升も）とぐことから始まる。例年十一月十四日か十五日であるが、これは願正寺に奉公に入っている一人〜二人の下女達だけでやっている。その三日後、十七日か十八日に「御花束搗《つ》き」「御供物《おくもつ》搗き」が盛大に行われる。何しろ、五斗（約七〇キログラム）ものもち米を蒸かし、全部餅に搗いて、小さな丸餅およそ三二〇〇個余りをつくるのである（御花束の数は、弘化四年二月の蓮如遠忌のときの記述に、一石三斗の米で八四〇〇余の御花束をつくったとあることから推計）。

搗き手は三、四人の男衆である。所左衛門《しょざえもん》・与左衛門《よざえもん》の二人が決まって搗き方であり、これに願正寺の下男一、二名が加わることが多く、下男のいないときには八兵衛《はちべえ》や弥吉、平左衛門《へいざえもん》などが加わったりする。文久元年（一八六一）から代が代わって所左衛門・与左衛門とも倅が出てきて杵を取り、以後は跡を継いでいる。杵を振り下ろす合間に餅をこねる「合取」は、ほとんど弥吉と決まっている。搗けた餅をならし、小さく丸めて「御花束」にするのはもっぱら女達の仕事。大越・八兵衛・清左衛門・新左衛門《しんざえもん》・藤七《とうしち》・幸七《こうしち》・平左衛門・多七《たしち》などの家から、多くは母、つまりは「婆さん達」が出て来ている。年齢によっては妻達や娘が出てくる家、年もある。この中から大体六人、少ないときでも四人は出て、他に下女のとよや本町広海寺の「御老母」（聞理の義母）などが手伝ったりする。以上の、搗き手の男、合取、ならし・餅こしらえの女達は、もちろんすべて角田の願正寺同行であるが、そのほとんどが願正寺世話役か分家などで、すべて日頃から願正寺での仏事を多方面から支えている者達ばかりであり、一部は村の重役でもある。つまり、願正寺世話役と村重役総動員の体勢で報恩講の供物搗き・御花束づくりをやっているのである。

報恩講
当所御斎

さて、いよいよ報恩講である。だが、報恩講があまりに当然の、慣例的な行事であるためか、あるいはそれでいて忙しいためでもあるのか、聞理の記述は他の記事に比しても簡略である。そのため、二〇年間の記事を通覧、分析することにより、報恩講七日間の一日一日の特徴・詳細がようやく浮かんでくる。

まず、参詣は二十二日から御満座の二十八日まで毎日ある。そのうち、法座に連なるだけでなく、御斎に付くのは二十七日までである。日記記載の最初の年、弘化三年だけは二十八日も御斎の記載があり、八〇人が斎付しているように見えるが、これは晩に開かれている門徒若衆講の御斎のことであって、願正寺での報恩講としては、二十八日の御満座は「御日中」の法座に参詣することで終了している。

さて、御堂への参詣だけでなく、御斎に付く形での参詣であれば、どこの者はいつと、大体は決めていなければ、御斎の用意が出来ない。初日二十二日は「村方参詣」「当所御斎」などと記載されており、村中の参詣斎付と見えるが、他の日と違って参詣斎付の人数が記されていない。しかも、賄った飯の量はほぼ毎年一斗前後であり、通常の御斎だとこれは三五人から四〇人分程度の量でしかない。そのため、当初この日の参詣斎付の人数・性格が判断できなかったが、文久元年の記述から、やはり、全角田村民が参詣斎付するものであることが判明した。そこではつぎのように記されている。

朝少々雨後に晴、海面和波引網、旧定村方参詣日之処、右に差支大に不都合に相成、男女入交、勝手向大混雑、其上不揃、前膳八十人余、八下刻漸斎、夫より御逮夜相勤、後之膳五十五人、暮て蠟燭にて開膳、前代未聞、誠に困り入申候、新左衛門船等壱荷余も配当、其下追々、夕刻大風、働女三人給仕仁四郎、酒こし所左衛門・八兵衛、飯壱釜、つまり、この日、海面があまりに穏やかだったため、村方参詣日であるというのに、皆引き網漁を浜でしながらの参詣となってしまい、願正寺としては大変困った。その結果、いつもは亭主らの斎付が正九つ時（正午）か遅くても八つ時前（午後一時頃）かに終わり、その後は女房中の参詣だけとなるのに（他の年の記述より）、引き網に専念したい亭主は斎付に女房を出させたり、遅くなって斎にだけ付く者も出たりしたため、亭主女房入り交じりの参詣斎付になり、二回に分かれ、前の斎に八〇人余り、後の斎で五五人となり、しかも後の斎は日暮れてから蠟燭で開膳するなど、「前代未聞」のこととなってしまった。

もっとも、引き網の方は大漁で、新左衛門の船組では一人あたり一荷（天秤棒に二籠）も獲れ、以下の組も相応の漁であった。勝手方助力の「はたらき」にはいつものように同行女房三人を頼み、給仕は仁四郎《にしろう》が勤めた。酒こし（濁り酒を濾《こ》す作業）もいつもとまったく同じで所左衛門の母と八兵衛の母に頼んだ。御斎の飯は一釜、つまり一斗を焚いてちょうどよかった、というのである。

この参詣斎付の合計人数一三五人余りは、当時の角田浜村の全戸数一四六戸にほぼ近い。すなわち、通常の初日は、村内の願正寺同行九七戸（途中分家増）と他の真宗寺院（越前浜西遊寺、松野尾善正寺、岩室慶覚寺）の村内同行二九戸、および日蓮宗妙光寺の檀徒二〇戸の全戸から、通常亭主一名が斎に付く、その後、女房中が参詣だけするのである。もっとも、女房中といっても、「念仏無間《むけん》」を日頃から言う日蓮檀徒で御堂参詣する者はおそらくいなかったであろう。だが、村寺としての性格もある願正寺の、村中を対象にした斎付には、日頃のつきあいもあって、ほとんどは寺に上がり斎に付いているようである。記載はじめの弘化二年と三年は妙光寺と願正寺同行との争論が解決していなかったため、「但し日蓮宗相除く」などの記述があるが、争論の解決した嘉永元年（一八四八）には「日蓮宗共に」の記述がある。

結局、先に引用した文久元年の異例の年以外には、他の日と違って参詣斎付の人数の記載がなかったのは、「村方」「当所」ということで毎年決まった人数だったからである。では、通常の二十二日の正午前後の亭主を中心とした斎付に、一三九人ほども出ながら、米一釜（一斗）でほぼ足りているのはなぜなのだろうか。これでは、一人平均わずか七勺にしかならない。現代人のご飯一食分である。他の斎付では三合近くものご飯を食べているのにである。実は、「酒こし所左衛門母・八兵衛母」などと、濁り酒を濾す作業に動員された同行女房の名が記されているのが報恩講中この日だけであることで、この秘密が判る。つまり、あとは酒を飲んでいたのである。

「酒造り」のところで記したように、毎年報恩講用に六斗から八斗もの糀を買っている。この量の糀を使って平均八日間ぐらいでつくる酒（どぶろく＝濁り酒）は、「ざる」で「酒こし」して、およそ一石という。報恩講が終われば、また雪季酒（正月酒）用に酒を造っているから、ほぼそれに近い酒をこの日一日に飲んでしまうことになる。とすれば、一人平均七合強ほどの酒を飲んだことになる。飯を食べない訳である。

酒の肴としては切り昆布と「すあい（酢和え）」（酢の物）が用意される。酢和えの多くは八頭《やつがしら》のズイキ（芋茎）か大根と人参の細切りである。御斎の献立も二年ほど記載がある。それによると、木皿に「すあい」、平に大根の輪切り、吸い物としてごぼう・にんじん・里芋・こんにゃく・油揚げの半切りが出される。それに酒と肴である。帰りには干したぜんまいと切り昆布の引き出物も付く。当時としてはこれも大変なご馳走である。

報恩講とは、まずこうして、一年最大のご馳走と酒盛りで始まるのである。

在方と遠方の参詣斎付

二十三日には在方同行を中心とする御斎がある。遠方の同行も多いため、天候の違いが参詣数に大きな差をもたらす。多い年には一四〇名を越え、少ない年は七〇名余りである。平均で一一二名、平均を超えた年は嘉永元年（一八四八）、同五年、安政元年（一八五四）、同三年、同四年、万延元年（一八六〇）、文久二年（一八六二）、元治元年（一八六四）、慶応元年（一八六五）で、いずれも好天であるが、九回の内六回が後半一〇年にある。また七〇名余りの二回は風と雪であり、いずれも前半一〇年の内である。聞理が回旦で危うく一命を落としそうになった文久三年は、報恩講中も大雪が続いていたが、その日は同行惣代でもある庄屋大越の命で、早朝から村中総出で松山の方まで雪道を付け、平均に近い一一〇名の参詣斎付を迎えている。

五ヶ浜以外の在方同行はおよそ八〇戸、それに、最も遠い寄居《よりい》（新潟市市街区西部）や坂井《さかい》・須賀《すが》（新潟市坂井・須賀）の同行もこの日が参詣日である。したがってほぼ九〇戸が対象の全戸数となり、平均でも一戸から一人以上の同行が斎に付いていることになる。すでに上御取越をちょうど一か月前に終えている在方の同行は、本番の報恩講にも亭主一人は必ず参詣するだけでなく、かなりの家からあるいは「嬶《かか》（女房）」か「婆《ば》さ（亭主母）」かがこの日に参詣斎付しているのである。最も遠い寄居（願正寺まで道のり二六キロ、徒歩六〜七時間ほど）からもやって来るが、余りに遠いため謙助・久左衛門などの二人が寄居の惣代として参詣することもある。坂井や須賀（願正寺まで道のり一六〜一七キロ、徒歩四時間強）や、在方の馬堀（徒歩三時間）からもやって来る。寄居はもちろん、坂井・須賀の同行も大体は願正寺に泊まる。馬堀の同行も雪が多ければ泊まることが多い。

二十四日は引き続いて在方同行の家から、前日に上がらなかった者、主として女房か年寄りかが参詣し斎に付いているようである。人数はわずか七人から六三人までと、かなりばらつきがあるが、前日が一三〇、一四〇と多かった翌日は少なく、多くても二〇人前後であり、逆に六三人を記録して「前代未聞」と記している嘉永二年は前日は最も少ない七二人であった。結局、両日合わせて一〇〇人から一七〇人くらいまでであり、この数は、願正寺の在方同行の家から、可能であれば二名に近い同行が参詣斎付していることを意味している。

五ヶ浜同行の参詣斎付

二十五日は、主に五ヶ浜の同行が参詣し斎に付く日である。この当時五ヶ浜には願正寺の同行は八〇名ほど居る。だが、五ヶ浜から角田に出るには、角田山が日本海に迫った崖道を辿るか、船を出すかのどちらかしかなく、雪か海上がしけの場合には往来はきわめて危険である。嘉永二年（一八四九）は、雪で風も吹く中、それでも四〇人もの同行が参詣に来たが、一〇人ほどは翌二十六日になって参詣している。嘉永三年は四〇センチも積もり、「近年珍しき大雪」であったため、「五ヶ浜同行在え回り候故、漸《ようやく》拾人余参る」とあった。「在え回り」とはどういうことか。

前にも述べたように、五ヶ浜は複旦那（半檀家）が多い。だから、願正寺の同行だといっても、その家には他の真宗寺院の同行も居て、その同行は自分の寺にも行っているわけである。それが、この年は雪が深かったため、願正寺同行の者も家の者と一緒に、もう一つの寺院の方に行ってしまって、願正寺までは来なかったというのである。

この当時、願正寺の同行八〇戸の内大半は半檀家であり、在方の寺院としては松野尾善《まつのおぜん》正寺《しょうじ》と中郷屋《なかごうや》蓮照寺《れんしょうじ》（共に東本願寺派）が相方の寺院である。通常ならば行くにしても、五ヶ浜から初めに願正寺に来て、その後に回るはずであるが、この日は崖道・海路とも危険なため、家族の者と一緒に、五ヶ浜からいきなり峠を越え、一組は伏部《ふすべ》・稲島《とうじま》・布目《ぬのめ》を経て松野尾善正寺へ、もう一組は木島《きじま》・竹野町《たけのまち》を経て中郷屋蓮照寺にまわったのである。

翌二十六日も「極大荒れ」のため、参詣は五〜六人であった。結局、この年は五ヶ浜の同行は一七人位しか参詣しなかったことになる。もっとも、そんなに大変でも、また回旦で御取越を執行していても、まだ二割強の同行は来るということは、その人達にとって報恩講とは、何が何でも寺に参詣しなければならないものだ、ということなのであろう。

二十六日の二十八日講

二十六日は参詣斎付は少ない。というのも、二十七日の御逮夜を控えているからということと、この日は角田の真宗門徒達がそれぞれの講で「二十八日講」を開いているからでもある。それでも多いときには三〇人、三五人もの斎付がある。ただ、特定の地域からではなく、在方の丸山や遠方の寄居などから今まで来られなかった者が来たり、また角田の同行でもこの日までに来られなかった女房達などが来ているようである。角田女房達の参詣は初日の午後と定まっているが、他の地域の同行女房と同様、御斎の定日はなく、亭主御斎に混ざったり、適当な日に斎に付いたりしている。そのため、この日までに御斎に付かず、かつ翌日御逮夜の斎付にも出られない者達が斎に付いているようである。

二十六日の晩に開かれている「二十八日講」は、親鸞忌日の二十八日に毎月集まることを目的として結ばれた在家の門徒講であり、在家を基本とした真宗門徒の信仰活動の基礎であると同時に、前に述べた願正寺での萱刈などの労働を分担する単位であったり、何かと地域共同体でおこなう労働の分担単位、相談の組織でもあった。

また、この門徒講には、願正寺同行に限定されず、妙光寺の日蓮檀徒を除いた、村内のほとんどすべての真宗門徒（一二〇戸ほど）が組織されていた。日記記載の弘化三年（一八四六）から嘉永三年（一八五〇）までは、角田の上に三講、下に四講の講組織があったのが、嘉永四年正月に上の周七が一講新たに開き、上四講、下四講となった。その後、さらに安政六年（一八五九）から元治元年（一八六四）の間に下で二講開かれ、元治二年三月には下六講、上四講となっていた。この講の増加は、大きな講の分割を基本とするもので、村内講の再編成であり、この再編成ももっぱら門徒独自の判断によるもので、願正寺はまったく関わっていない。

再編成の理由は明確ではないが、他の記事などから、全体として、この近辺の広い範囲の門徒の間で、文久元年（一八六一）の親鸞御遠忌を機に、寺とは関わらない門徒独自の信仰の集いが活発になっていることが明瞭に窺えるので（臨時の親鸞御遠忌の項参照）、より活動的な単位の講に編成し直しているのではないかと見られる。また、それに村内階層の矛盾・対立の激化が絡んでいるとも思われる（春の年頭挨拶の項参照）。

それはともかくとして、幕末にはこれらの一〇講、平均で一講一二戸の門徒講が、毎月二十八日を定日として、村内一〇軒の家々で開かれていたのであるが、この毎月の門徒講のどこの集いにも、願正寺住職は特に頼まれることがない限り、通常は出勤・読経することもなく、ほとんどの場合は門徒のみで「御講仏様」（講単位の御本尊）の前で読経の上、飲食を共にして歓談・相談しているのである。

ただ、報恩講中だけは、二十六日に御講が開かれ、願正寺からも聞理など寺僧が出勤している。二十六日に開いているのは、二十八日が御満座で、同行達は願正寺に参詣し、法座に連なるからであり、かつ、晩には若衆講も別に開かれ、その日だけは若衆講にも寺僧の出勤があるからである（二十八日、若衆講の項参照）。

嘉永四年（一八五二）の十一月二十六日は、浜方が凪《なぎ》で漁に最適であったため、同行達は御講を開かずに漁に専念、代わりに本来の二十八日に開いたため、御満座および若衆講と重なり、聞理は「甚だ不都合、困り入」ったが、晩には御講と若衆講の双方に、寺僧が手分けして出勤している。漁師の門徒にとっては、漁の適日は逃せない。だが、漁を優先させて日延べにしたとしても、門徒講自体を中止したりはしない。師匠寺にも参詣はする。講も開く。報恩講とは、漁をしながらも、忙しくも、一通りの仏事を済ませなければ気が済まないのである。

御逮夜の参詣人数

二十七日はいよいよ報恩講の山場、御逮夜である。これには、本来であればどこの真宗門徒も、師匠寺が村内か近くにあれば師匠寺に、遠ければ近くの真宗寺院に参詣し、御斎に付くことになっていたようである（なお、御逮夜とは、本来法座の時間帯を指す語であるが、大きな法要の場合には、御満座前日の法座全体を、いわば「前夜祭」としての意味で御逮夜と称しており、ここでもその義で使う）。

願正寺に来るのは、角田からはもちろんであるが、同行数の多いところとしては稲島《とうじま》・

松野尾《まつのお》・松山あたりまでは願正寺への参詣を基本にしている。五ヶ浜からも来る同行はある程度いて、時折は坂井あたりからも来ている。大体は、五ヶ浜同行と遠方の馬堀など多くの村の在方同行は、地元の真宗寺院に参詣している。参詣、斎付の人数は少ないときには七〇人から八〇人程度、多いときは一三〇人から一四〇人の同行が参詣斎付している。

嘉永三年（一八五〇）が最も多く一四〇人であり、この数は角田の願正寺同行と、稲島・松野尾・松山の全同行数一七三戸のほぼ八割である。斎に付くのは亭主と決まっているわけではなく、一部は女房や嫁（この地では「姉」「あねさ」と言う）もいる。また女房と共に斎に付いている者もいるので、最大で八割近くの戸から同行が参詣斎付していると いうことになる。少ないときは、五割弱の戸からしか参詣していないことになる。

あの大雪の文久三年はどうであろうか、前日については先に記したように、村中で道をつけて三五人ほどの参詣を迎えているが、この日も時折ではあるが、さらに雪が降り風も少しあるなかで、松山と松野尾の同行はいったん願正寺へ向かったものの、とても無理と判断し、途中で帰ってしまっている。それでも稲島からは辰右衛門と平右衛門家の「姉」つまり嫁が、さらにもっと遠くの汰上《よりあげ》からは嘉兵衛が、升潟からは同行五戸のところ三人もが、共に雪の中を歩いて、御逮夜の勤めが終わった頃ようやく寺に着き、斎に付いている。もっともこの日、聞理は角田同行を含めた参詣斎付の人数を記し忘れたため、大雪の中、結局何人が参詣し斎に付いたのかは不明である。

しかし、文久三年はともかくとして、少ない年には五割弱程度しか参詣斎付しないというのはなぜなのであろうか。他の参詣斎付の日と比べれば、あきらかに率が落ちている。とくに他の日の傾向と違って、日記後半の年、幕末になるほどあきらかに減少しており、しかも、後半で少ない年の多くは比較的好天でさえある。

参詣斎付が一〇〇人を越えた年は、弘化三年（一八四六）、嘉永元年（一八四八）、同二年、同三年、同四年、同五年、同六年、安政二年（一八五五）、安政三年、安政四年、同五年（一八五八）まで、ほぼ連年であるのに（弘化四年は大風、安政元年は大風雨）、同六年以降、慶応元年（一八六五）まで、ほとんど七〇人あまりの斎付しかない。これはいったいどういう理由によるものであろうか（もっとも、慶応元年の場合は、報恩講中の二十三日に大越家の若が亡くなっていて、二十七日はその葬儀の翌日であるため、斎付が少ないのは当然であるが）。実は、この背景にはいくつもの要素が複雑に絡んでいる。

なくなる客僧の説教

まず大きな理由は、客僧を招いての説教があるかないかの違いである。客僧を迎えたことが明らかである年は、嘉永元年、同二年、同三年、同五年、同六年、安政二年、同三年、同四年、万延元年（一八六〇）、文久三年であり、この内、一〇〇名に満たなかったのは万延元年のみであった（七〇名、この理由は後に記す）。迎えた客僧は、参詣斎付人数上位四年の内、嘉永五年（一三〇名）が本町広海寺の法輪《ほうりん》であるだけで、後は嘉永元年（一三〇名）、嘉永六年（一四〇名）、安政四年（一二〇名）のいずれの御逮夜も法中仲間佐渡山教願寺の次男方隆《ほうりゆう》である。

法輪、方隆とも、客僧とはいっても、一方で願正寺の回旦を手伝うなど、使僧の役をも担うことが多くある。とくに客僧としての説教をほぼ一手に引き受けている方隆は、頻繁に願正寺に出入りしており、半ば恒常的な願正寺使僧としての性格が強まっていて、同行にとっては願正寺の寺僧と大して変わらない存在となっている。彼らの説教が節談でおこなわれていたことが確定的であったとしても、そうしたほとんどいつも聞いている僧による説教では、春の彼岸などで説教巧者大友円光寺やプロの旅説教者を迎えるのに比べて、盛り上がりが欠けるのは当然と言えよう。

さらに、この、半ば身内の「客僧」による法談説教さえもが、いよいよ幕末になってくると無くなってきて、慶応元年などは、住職聞理のほかは、弟の興麟、新発意の雅楽丸《うたまる》、次男の意美丸《いみまる》と、身内の寺僧だけで済ませている。

こうした変化の背景にも、春の彼岸や秋の盆に、遠方からの旅説教者や近隣の説教巧者が招かれなくなってくる動向と同じ動きがあるものと考えられる。この背景については別稿で検討するとして、ともかく、説教をめぐるこうした特徴・変化が参詣斎付人数のあまり多くない、また減少していく要因となっていることを、ここでは把握しておきたい。

二十七日の斎付が意外に少ないのは、説教が本格的な説教者を招いての説教ではないということと直接関連するのであるが、もともとこの日の法要は、祖師親鸞忌日御満座前日の御逮夜法要であり、僧侶と同行の双方にとって、最も重視されるべき法要であった。しかし、重視されればされるほど、本願寺体制の整った近世期においては、ともすれば制度的な法要になりがちであり、遠方から説教者を呼んだりする盆や彼岸、さらには門徒が自主的に親鸞への報恩のために在家で開く法要の集まり（次章参照）などと違って、かなり定型化したものにならざるを得ない。参詣斎付人数がやや少ないことの理由を探るため、今少し法要の内部を解明していこう。

宝物の弘通

つとめの詳細には不明な部分もあるが、大体は、御日中から同行の参詣を迎えて読経しており、その後に伴僧などによる法談が一、二座入って御斎となるのだが、御斎に入る前か、年によっては御斎の後に、願正寺宝物の「弘通《ぐうづう》」がある。真宗寺院では、宝物類を公開するのはその説明をかねて教えを広めるためである、という位置づけから、「弘通」という語を用いている（ただし、聞理はしばしば一般用語である「開帳」の語も使っている）。

では、何を弘通しているのだろうか。この当時の願正寺の宝物には次のものがある。

まず、最も重視されていたものに、聞理らが「薄墨《うすずみ》御名号《ごみょうごう》」と呼んでいた、「親鸞御染筆」と伝わる六字名号（南無阿弥陀仏）の掛け軸がある。これは、天台宗であった頃の願正寺住職積遙《しゃくよう》（錫遙）が、承元三年（一二〇九年、事実とすれば親鸞流刑中）五月に、親鸞の教化を受け帰依したときに授かったとされていたものである。次に、寛政十年（一七九八）に下された法如上人の画像（文如御判）があり、嘉永二年以降であれば覚如上人の画像（広如御判）もあった。

また、安政元年の報恩講以降であれば、聞理の先々代忍理の内方みいの遺言によって同年つまり嘉永七年八月に本山から申し受けた、広如の裏判のある御本尊（阿弥陀如来立画像掛け軸）があり、これは聞理が「無図《はかりなき》御本尊《ごほんぞん》」としてとくに重視していたものである。なお、これ以後、在家での大切な法要のときには、これを親鸞《しんらん》御影《みえい》とともに供奉《ぐぶ》している。これ以前にも在家に供奉するための御本尊はあったが、大きさが親鸞御影掛け軸と異なり、聞理は苦慮していた（次章臨時行事親鸞遠忌の項参照、なお刊本『年中故事』前編二五八頁脚注五の「ここでは前代門主の御影」とあるのは「親鸞御影」の誤り)。

さらに、安政五年の報恩講以降であればもう一つ、九字名号(南無不可思議光如来)掛け軸が加わる(以上は、聞理の手になる記録「奉安置　御宝物控　願正寺」による)。

これらの内、どれを弘通していたのだろうか。おそらくメインとなったのは「親鸞御染筆」と伝わる「薄墨御名号」と思われる。少なくとも法如上人の画像や覚如上人の画像は報恩講の御宝物弘通にはふさわしくない。また、安政元年以降の「はかりなき御本尊」も在家での回旦の御取越や親鸞御遠忌の際に同行の家に供奉しているものであるから、「宝物弘通」と言うには似合わない。ただ、安政五年以降であれば、もう一つの「九字名号」が、「薄墨御名号」に並べられていたことは考えられる。

おそらく「薄墨御名号」が、またそれに加えられたとして「九字名号」が、宝物弘通として同行に披露され、聞理らがそれにちなんだ説法をしていたものと思われる。

熱心な同行にとっては弥陀の「名号」は六字であれ九字であれ、とてもありがたいものであり、それに向かい称名することで、体の内から信仰心の昂揚がはかられるのである。

なお、「薄墨御名号」は、現時点では全体的に黒ずんでおり、名号はほとんど判読不能であるが、当時は微かに読める状態であったかと思われる。ともあれ、その古色蒼然たる有様は、「親鸞御染筆」の真実性を物語り、同行によってはありがたさも数倍であったかと思われる。だが、より多くの同行にとっては、こうした宝物弘通が毎年まったく同じパターンで展開していたのでは、あまりに儀式化しており、それほど魅力のあるものではなかったものと思われる。

さて、二十七日御逮夜法要の内容解明をもう少し続けよう。御斎もすんで「薄墨御名号」をメインとする宝物弘通の後は、いよいよ本番御逮夜の法座となるが、この法座時間帯としての御逮夜では、まず、親鸞の生い立ちと報恩講の意義について述べ、ついで報恩講における心構えを同行に教諭している「御俗姓」という蓮如御文章の一文を読んでいる（通称「御俗姓御文」）。

蓮如御文章「御俗姓」

五段（大きくは三段）構成の内、四段と五段を引いて、角田同行の聴聞した報恩講に連なってみよう。

このゆゑに毎年の例時《れいじ》として、一七ケ日《いちしちかにち》のあひだ、かたのごとく報恩謝徳《ほうおんしゃとく》のために無《む》二《に》の勤行をいたすところなり。この一七ケ日《いちしちかにち》報恩講の砌《みぎり》にあたりて、門葉《もんよう》のたぐひ、国郡《こくぐん》より来集《らいじゅう》、いまにおいてその退転《たいてん》なし。しかりといへども、未安心《みあんじん》の行者《ぎょうじゃ》にいたりては、いかでか報恩謝徳の儀これあらんや。しかのごとき輩《ともがら》は、この砌《みぎり》において、仏法の信・不信をあひたづねて、これを聴聞してまことの信心を決定《けつじょう》すべくんば、真実真実、聖人報謝の懇志《こんし》にあひかなふべきものなり。

あはれなるかなや、それ聖人の御往生《ごおうじょう》は年忌とほくへだたりて、すでに一百余歳《いっぴゃくよさい》の星霜《せいそう》を送るといへども、御遺訓《ごゆいくん》ますますさかんにして、教行信証《きょうぎょうしんしょう》の名義《みょうぎ》、いまに眼前にさへぎり人口《じんこう》にのこれり。たふとむべし信ずべし。これについて当時真宗の行者《ぎょうじゃ》の中において、真実信心を獲得《ぎゃくとく》せしむるひと、これすくなし。ただ人目《ひとめ》・仁義《じんぎ》ばかりに名聞《みょうもん》のこころをもつて報謝と号せば、いかなる志をいたすといふとも、一念《いちねん》帰命《きみょう》の真実の信心を決定《けつじょう》せざらんひとびとは、その所詮《しょせん》あるべからず。「水入《みずい》りて垢《あか》おちず」といへるたぐひなるべきか。これによりてこの一七ヶ日《いちしちかにち》報恩講中において、他力本願《たりきほんがん》のことわりをねんごろにききひらき、専修一向《せんじゅいっこう》の念仏の行者《ぎょうじゃ》にならんにいたりては、まことに今月《こんがつ》、聖人の御正日《ごしょうにち》の素意《そい》にあひかなふべし。これしかしながら、真実真実、報恩謝徳の御仏事《おんぶつじ》となりぬべきものなり。あなかしこ、あなかしこ。

「御俗姓」『浄土真宗聖典』

省略した第一段から第三段では、藤原氏の系、有範の子として生まれ、慈円の門人として得度して範宴と称し、天台教学を学んだ後、源空（法然）の弟子となって専修専念の義を立て、凡夫直入《ぼんぷじきにゅう》（凡夫のままで真実報土に往生せしめられる）の真実の信心を説いたことを述べ、つぎに、十一月二十八日が祖師聖人の御正忌であることは、真宗の行者であれば皆知っていることであるが、この御正忌に報恩報謝の志をいだかないものは木石に等しいと述べ、引用の第四段第五段につづいている。

引用したところでは、報恩講お七夜に、今も諸国の門葉が群参しているが、もしもいまだ安心《あんじん》（信の確信）を得ていない者がいれば、この機に法の信・不信を問い、聴聞しなさい、それによって安心決定の者となれば、それこそが聖人への報謝であると諭し、つぎに、ほぼ同様のパターンで、聖人の残された教えは今なお盛んであるが、真実の信心を獲得している者は少ないとし、この報恩講期間中に、他力本願の理を十分に聞き、念仏に専念する同行となれば、これまた聖人の御正当にふさわしい報謝となるだろうと述べ、報恩講中の信心獲得を呼びかけているのである。

この内容であれば、むしろ初日の教諭としてこそふさわしいのであるが、今までの御斎中心の集まりから、ようやくこの逮夜を起点に、かしこまった法座が展開するので、ここで改めて襟を正し、報恩講最終法座に臨む気持ちを引き締める意味で読まれているのであろう。やはり、やや堅苦しい法座となる雰囲気である。

「御俗姓御文」の後は、御初夜（午後六時から一〇時頃までの間）にかかって、親鸞伝絵の詞書の部分にあたる覚如作の「御伝鈔」（通称は内題の「本願寺聖人伝絵」、或いはたんに「伝絵」）の下巻全部を長々と読むのである。下巻だけなのは、「御伝鈔」の読み方は抑揚のはげしい、一種の節談調の読み方であるため、かなり時間がかかるので二日に分けて読むことが多く、願正寺のこの報恩講では、上巻は五ヶ浜同行を主な対象にした二十五日の法座で、すでに読み終えているからである。

覚如「御伝鈔」下巻の拝読

この「御伝鈔」下巻には、最初に、親鸞が承元元年（一二〇七）に越後に流されたことについて、親鸞自身がかの『教行信証』第六巻「化身土巻」末尾において記した通りの文言、すなわち、ときの上皇後鳥羽院《ごとばいん》と天皇土御門院《つちみかどいん》およびそれに連なる興福寺の学徒らを、

主上臣下、法に背き義に違《い》し、忿《いか》りを成し怨《うら》みを結ぶ。茲《これ》に因《よ》りて、真宗興隆太祖源空法師（法然）幷《ならび》に門徒数輩《すはい》、罪科を考へず、猥《みだり》がわしく死罪に坐《つみ》す。或ひは僧儀を改めて姓名《しょうみょう》を賜ひ、遠流《おんる》に処す。予は其の一也。　「御伝鈔」下巻

と、憚ることなく真正面から批判した一文が、そのまま語られている。近世の真宗門徒はどこの同行も、毎年の報恩講で必ずこの一文を聞いていたのであり、たとえ院・天皇で

あっても、仏法をこそ真理とする立場で抗議・批判できる地平、崇敬する祖師親鸞と同じ地平に立つことが可能だったのである。

つぎに、建暦元年（一二一一）の赦免について触れたところでは、「赦免ありといへども、かしこに化を施さんために、なほしばらく在国し給ひけり」といったくだりがあり、越後の、しかも親鸞から直接教化を得て真宗になったとの寺伝を持つ願正寺では、このくだりはとくに強調して読まれたのではないだろうか。

「御伝鈔」下巻は、さらに、常陸稲田《ひたちいなだ》に庵を結んだ話から、親鸞を害せんとの心を抱いていた山伏が、親鸞の尊顔を拝してたちまち帰依し、明法房となったという、例の「板敷山」の段（盆中の絵解き説教「親鸞絵伝」の項参照）や、箱根越えで箱根権現化身の老人から厚くもてなされたこと、京に戻って五条《ごじょう》西洞院《にしのとういん》に居を構えると、常陸の門徒らがだんだんと参集してきたことなどが続く。

平太郎熊野参詣

その中に、常陸の国の平太郎が、公用の供に熊野権現へ参詣しても良いかどうかを訪ね、親鸞が諄々と教えを説いている場面がある。

> そのころ常陸国《ひたちのくに》那珂西郡《なかのさいのこおり》大部郷《おおぶのごう》に、平太郎《へいたろう》なにがしといふ庶民あり。聖人の訓《おしえ》を信じて、もつぱらふたごころなかりき。しかるにあるとき、件《くだん》の平太郎、庶務《しょむ》に駆《か》られ

て熊野に詣すべしとて、ことのよしを尋ね申さんがために、聖人へまゐりたるに、仰せられてのたまはく、

「それ聖教《しょうぎょう》万差《まんじゃ》なり。いづれも機に相応《そうおう》すれば巨益《こやく》あり。ただし末法の今の時、聖《しょう》道門《どうもん》の修行においては成《じょう》すべからず。すなはち、『我《が》末法《まっぽう》時中《じちゅう》億々《おくおく》衆生《しゅじょう》、起行修道《きぎょうしゅどう》未有一人得者《みういちにんとくしゃ》』と言ひ、『唯有《ゆいう》浄土《じょうど》一門《いちもん》、可通入路《かつうにゅうろ》』と云々、これみな経《きょう》・釈《しゃく》の明文《めいもん》、如来の金言なり。しかるに今、唯有浄土《ゆいうじょうど》の真説《しんせつ》について、忝《かたじけ》なくも彼の三国の祖師、おのおのこの一宗を興行す。このゆゑに、愚禿《ぐとく》勧《すす》むるところ更に私なし。しかるに一向専念の義は、往生の肝腑《かんぷ》、自宗の骨目《こつぽく》なり。即ち、三経に隠顕《おんけん》ありといへども、文《もん》といひ、義といひ、ともにもつて明らかなる哉、大経《だいきょう》の三輩《さんぱい》にも一向と勧めて流通《るづう》にはこれを弥勒《みろく》に付属し、観経《かんぎょう》の九品《くほん》にもしばらく三心と説きて、これまた阿難《あなん》に附属す。小経《しょうきょう》の一心つひに諸仏これを証誠《しょうじょう》す。これにより論主《ろんじゅ》一心と判じ、和尚《かしょう》一向と釈す。しからば則ち、いづれの文《もん》によるとも一向専念の義を立《りゅう》すべからざるぞや。証誠殿《しょうじょうでん》の本地すなはちいまの教主なり。かるがゆゑに、とてもかくても、衆生に結縁《けちえん》の志《こころざし》深きによりて和光《わこう》の垂迹《すいじゃく》をとどめ給ふ。垂迹をとどむる本意《ほんい》、ただ結《けち》縁《えん》の群類《ぐんるい》をして願海《がんかい》に引入《いんにゅう》せんとなり、しかあれば本地《ほんち》の誓願《せいがん》を信じて、一向に念

仏をこととせん輩《ともがら》、公務《くむ》にも従ひ領主にも駈仕してその霊地を踏み、その社廟に詣せんこと、更に自心の発起するところにあらず、しかれば垂迹において内懐虚仮《ないえこけ》の身たりながら、あながちに賢善精進《けんぜんしょうじん》の威儀《いぎ》を標《ひょう》すべからず。ただ本地の誓約《せいやく》にまかすべし。あなかしこ、あなかしこ。神威《じんい》をかろしむるにあらず。ゆめゆめ冥眦《みょうし》をめぐらし給ふべからず」と云々。これによりて平太郎、熊野に参詣す。

『本願寺聖人伝絵』（真宗聖教全集「御伝鈔」で校合）

このように、親鸞は、仏法それぞれの聖教にはそれなりの利があるものの、末法の今は聖道門（自力の修行を専らとする門派）の修行はとても無理で、だれ一人修した者は居らず浄土門だけが可能であること、などを述べた上で、熊野の本地が阿弥陀如来であることに因み、弥陀の誓願を信じて念仏に専念している者であれば、領主の命ずる公用の供として、熊野の聖地を踏み社廟を拝したとしても、それは己の心の内部から起きたものではないのでまったく問題にならないこと。自身としては、いつもと同様に、本地阿弥陀如来の誓願を信じて参詣すればそれでよいことを述べている。

またその中で、和光同塵の神は、本地である仏が衆生を救おうとして垂迹したものであるから、あながちに神威を軽んずべきでないことなども、諸経典を引いて述べている。それを聞いて平太郎は安心して熊野へ参詣、以前にもまして念仏に専念するという話が語られている。

以上、「御伝鈔」から平太郎の下りをやや詳しく紹介したのは、ほかでもない。角田浜村の神社が熊野権現であり、願正寺の同行らが、普段から日蓮檀徒を寄せ付けずに守っているからである（春、祭礼の項参照）。

こうした説教を毎年決まって聞いている同行であれば、鎮守熊野権現に向かっても念仏を称えていたことは、想像に難くない。嘉永三年の祭礼に際して、願正寺が「ここは浄土の地」を意味する「清浄慈門刹」の仏額を献じたこと（春、祭礼の項）の意味も、こうした説教を日頃から聞いている同行にとっては、すんなりと受容されたことであろう。

「御伝鈔」はこの後、聖人が弘長二年（一二六二）十一月に体調を崩し、二十八日に称名念仏しつつ息絶えたこと、などを述べて閉じていく。

「御伝鈔」の後は、善導の浄土往生についての礼讃偈《らいさんげ》を読誦したあと、法談が一座か二座あって終わりとなっている。

こうした法要のあり方を見ると、節談の説教が多く語られる他の法座に比して、たしかにやや堅苦しく、かなり制度的なものとなっていることは否めない。

「御俗姓」には報恩講における門徒の心得など、文字通りの「お説教」的な文言も含まれており、同行のなかには、いささか煩わしいと感じる者もいたと思われる。また、そうでなくとも、毎回同じ語り手が毎回同じ文を読むのであれば、ほとんどマンネリ化していて、聞く方もすっかり覚えてしまっていて、もう面白くも可笑《おか》しくもないといった感じに陥っていたのではないだろうか。春秋の彼岸や盆などで迎えるような客僧や旅説教者などの場合は、本格的な節談で語るだけでなく、毎回変わったネタをもってやって来るか、あるいはとくに「受け」のよいネタを注文に応じて演じたり、あるいはその説教者の十八番をもってやって来ていたのであり、そうした説教者を迎えない法座は、変化がなく面白くないのである。

在家御遠忌での燃焼

報恩講御逮夜二十七日の参詣斎付人数が、幕末期になるにつれ、急に減少している理由は他にもある。急減少の境目は万延元年（一八六〇）である。この年、十一月二十七日の参詣斎付は、「客僧」方隆を迎えての説教があったのに、参詣斎付はわずか七〇名であった（前年も七〇名余りであるが、この年は方隆らの「客僧」は来ず）。この同じ年の秋の彼岸に、やはり方隆が説教したときには、一二二名の参詣斎付を得て、聞理は「近年珍敷斎付」と記していたのにである（秋、彼岸の項参照）。

これには実はかなり明瞭な事情、それも門徒大衆の信仰意識——門徒大衆が信心の生活に何を期待していたか——を探る上での重要な動向が隠れていた。

それは、実はこの年に、親鸞への報恩という、同じ意を込めた盛大な法要を、同行自身が、同行たちの家（在家）で執行し始めており、多くの同行はそちらの法要の方に力を入れきっていたのである。

臨時行事、親鸞御遠忌の項で詳しく述べるように、願正寺の同行は、親鸞聖人六百回御遠忌を、角田の与左衛門宅で万延元年（一八六〇）の七月十八日と十九日の二日間にわたって執行したのを手始めに、十月二十五日と二十六日には松山の願正寺同行佐左衛門《さざえもん》が執行、また報恩講直前の十一月十二日には角田の八兵衛《はちべえ》宅で執行し、さらに報恩講直後の十一月三十日と十二月一日に所左衛門《しょざえもん》宅で、その後はほとんど連日で、二日に庄左衛門《しょうざえもん》宅、三日に藤左衛門《とうざえもん》宅、五日に周七《しゅうしち》宅、七日に多七《たしち》宅と続き、少しおいて十三日に平左衛門《へいざえもん》宅で執行している。さらに年が開けて万延二年（文久元年）正月十四日には幸左衛門《こうざえもん》宅で、また十九日には清左衛門《せいざえもん》宅で、続いて二十日には七右衛門《しちえもん》宅で、二十三日には大越氏《おおこしし》宅でと相次いで執行しているのである。

この矢継ぎ早の執行は、三月十八日から二十八日まで執行される本山での御遠忌へ参詣できるように急いでいるためなのであるが、角田と先に記した松山以外の同行は、前もって本山参詣後に開くことを企画しており、参詣から帰って、「はゞき抜き（脛巾脱ぎ）」や「御紐解《おひもと》き」などを一通り終えた頃、七月一日と二日に丸山と北山の同行が合同で執行したのを皮切りに、升潟《ますかた》・馬堀・中郷屋《なかごうや》と順に同年八月まで続き、さらに、同年十一月泉村（曽和）、翌文久二年には五ヶ浜・東汰上《ひがしよりあげ》・折戸浜《おりとはま》（四ツ郷屋《よっごうや》）・松野尾などで次々に執行し、文久三年に寄居《よりい》で執行して、角田以外の在方・浜方の願正寺同行による在家御遠忌がすべて終了するのである。

後に詳述するように、この在家での御遠忌は、執行した家だけが主催しているのではなく、その家と一緒に主催者側に加わる同行が何軒もあり、いわば御遠忌のための臨時の門徒講が組織されているのである。そして、角田のすべての同行は、誰かの家で執行される在家御遠忌に主催者側として加わっているのであり、しかも御遠忌当日には、主催者の同行たち以外に、実に多くの、夥《おびただ》しい数の同行・門徒が参集しているのである。

与左衛門宅での御遠忌は、この年秋彼岸の前であったが、そのときにも方隆は説教者の中にいて、多くの参詣者が集まっている（人数は不明）。また、十月二十五日と二十六日に松山の願正寺同行佐左衛門が執行した御遠忌でも、願正寺から住職聞理とともに方隆も出向いているが、方隆は二十六日の晨朝《じんちょう》後と御日中《おにっちゅう》後の二回にわたって説教しており、その日は「群参」という状況だったのである。

したがって、万延元年には、すでに報恩講以前に、願正寺の同行が三か所で開いた在家御遠忌に、多くの同行が参集していたのである。しかもこれ以外に、他の真宗寺院同行が近隣で開いた在家御遠忌にも、願正寺同行は参集しているので（臨時信仰行事、在家御遠忌参照）、報恩講御逮夜法要の前に、意義としては同じ性質の法要に、在家で幾度も連なって楽しんでいたのである。

一般門徒大衆にとって、寺院本堂で住職主導のもとに執行するややマンネリ化した法要よりも、在家の仲間内で主催する法要の方が、ずっと楽しいものだったのであろう。もちろん、願正寺からは親鸞御影と御本尊掛け軸とを丁寧に、むしろかなり仰々しく迎えているし、お経の勤めも相当厳格におこなっている。それでも、お勤めの前後・合間に、たびたびおこなわれる法談説教は、演ずる寺僧や客僧にとっても、報恩講御逮夜に寺院で説くような定型をはずして、ずっと気楽に、しかも六百回御遠忌ということで特別に力のこもった説教を、縦横に効かせた節談《ふしだん》で演ずることが出来たのであろう。

門徒にとってはやはりその方がずっと楽しいのである。報恩講以後に引き続いておこなわれる在家御遠忌に参集することを予定していた同行らにとっても、そういったことはあらかじめ十分に予測できたことであった。だから、二十七日の御逮夜には、半数近い同行が「今日はもう行かなくてもいいか」というような気分になっていたのだと思われる。

そしていったん在家での本格的な法要を、本格的な節談説教を含めて体験してみると、定型的な寺院での報恩講御逮夜法要には、後はもうずっと、とりわけての魅力は薄れていったものと思われる。文久元年（一八六一）の八二名を最高に、記載最終年の慶応元年（一八六五）まで、いずれの年も七〇名台の参詣斎付に終わっていた。

在家での親鸞聖人御遠忌とは、言ってみれば、「同行の、同行による、同行のための」報恩講だったのである。

タコ漁　二十七日御逮夜の参詣斎付人数が減少してきた背景として、この時期に執行された在家での親鸞御遠忌に比して、寺院での御逮夜法座がややマンネリ化していたことを述べたが、もしそれだけであれば、減少傾向は必ずしも二十七日御逮夜法要に限らず、報恩講全体についても多少はあるはずである。もちろん、御逮夜法要こそが報恩講の中でも最も定型化したものだったではあろうが。事実はどうであったか。たしかに、二十五日の五ヶ浜同行を対象にした法要でも減少傾向ははっきりしている。が、二十三日の在方同行を対象とした法要では、前にも記したように、幕末期の方が好天に恵まれていたという事情があったとはいえ、やや増大傾向にあった。御逮夜二十七日は、在方のなかでは近在の同行が対象に含まれているが、角田同行の数は多く、浜方の法要といった性格が濃い。とすれば、一方で在方でのやや増加の傾向、他方で浜方での急激な減少傾向というのが、報恩講全体を通してみられる参詣斎付の変動と言える。この背景には、あきらかに漁をめぐる急激な変化が想像される。

実はそれは、タコ漁がにわかに盛んになってきたことである。

『年中故事』には漁に関する記事も多い。ただ、全体として当初の記載は粗く、後半になるほど密になる。そのため、タコ漁に関する記載が当初はまったく見られないことが、はたしてやっていなかったことによるものかが不明であったが、大越家文書「村明細帳」などとの照合によって、やはり幕末期に急に活発になってきたものであることが判明した。

角田浜と五ヶ浜を中心とするタコ漁は、天保から弘化年中まではおこなわれていない。つまり、このころはまだ十一月中旬から一月中旬頃までは出漁自体が無く、漁業は休みの状態なのである。日本海の、陰暦では真冬の時期である。たとえ雪が降らなくとも海荒れが多い。凪いでいたとしても、寒さは厳しく水は限りなく冷たい。休漁は当然である。だが、この厳しい冬に、タコは沖合から海岸に向かって産卵のためにやってくるという。

角田と五ヶ浜で捕れるタコはミズダコであるが、土地ではオオダコと呼んでいる。このオオダコが、厳冬の日本海に比較的海岸近くまで来るのであり、それを捕ろうというのである。タコを捕まえるには、この地で現在でも使用している「タコ箱」というものを使う。このタコ箱を使ってのタコ漁が、安政二年頃に始まっているが、まだ本格的ではなかったようである。本格的な操業が開始されるのは安政六年（一八五九）の冬からのようである。

以後、厳寒の日本海を相手にしてでも、村中熱中しているように記事が多くなるのは、その商品価値の高さ故である。安政六年十二月二十六日、治郎左衛門《じろざえもん》の船組は、一日で三両二分もの水揚げがあった。次の冬の季節にあたる万延二年の一月十三日には、八兵衛組・彦右衛門組の二組がともに一両余り、文久三年十二月二日には「実に前代未聞之大漁」で大越船組は四両一分二朱もあった（それにしても聞理は「前代未聞」が好きである、タコ漁など、「前代」はおろか、ほんの数年前に始まったばかりなのだが）。

さて、これほどのタコ漁が始まると、報恩講を挟んで冬場も忙しくなる。まず、「タコ箱」を黒松で作る。箱作りのことまでは『年中故事』にはないが、文久二年十一月四日の記事に、「此間用意候タコ箱入に出」とあり、十一月上旬までにはタコ箱を作っていることがわかる。一年で全部だめになるわけではなく、二、三年は使えるものが多いというが、沢山の箱のこと、修理したり、いくつかは新しく作り替えたりするのである。この年は十一月四日にその箱を海に入れに行ったのである。陰暦では季節にずれがあるし、凪《な》いでなければ海には出られないので幅があるが、大体十一月初めから二十日頃までの間に波の様子を見て出ている。日記には「タコ箱入れ」と記されているが、漁師はモトイレと言う。

　この日までに用意しておくべきものにもう一つ、綱がある。今は化繊のロープであるが、当時はもちろん藁《わら》で綯《な》った縄である。多くのタコ箱を等間隔でつなぐため、かなりの長さ・量の縄を、それも海中に一か月から二か月近く浸かっても大丈夫なように綯うのである。これもみな漁師でもある同行の仕事である。報恩講準備や回旦御取越の時期に、ずいぶんと忙しい仕事が加わったものである。

　海にタコ箱を入れた後は、タコが箱に入った頃を見計らって、いっせいに引き揚げる。これが、日記に「タコ操《ぐり》」「タコ箱操《ばこぐり》」と記されているタコ漁である。大体は陰暦十二月初め、つまり報恩講終了直後から十二月中と正月中頃までの間に、何回か出るのであるが、冬の早い年には報恩講と重なるときもあった。とにかく、海が凪いで寒さの緩んだときが絶好の出漁日なのである。

文久二年は、閏八月が入ったため、暦の日が遅れ、冬がいつもよりよっぽど早く来た。すでに報恩講前にも、十一月四日に治郎左衛門組の船が箱を試みに揚げており、十一日、十五日にもタコ操に出ていた。そして報恩講中の二十六日、海は「和波」、つまり凪《なぎ》であった。絶好のタコ操日和である。御逮夜法要の前日であったこともあり、漁師の同行たちは皆「タコ箱操」に出ていった。結果は「余程」あった。五ヶ浜でも蟹の「手操り」とタコ漁とをこの日におこない、「大漁」で「沢山　夥敷事《おびただしきこと》前代未聞」であったという。

翌二十七日の参詣状況はどうであったか。法座の始まる頃から晴れてきたにもかかわらず、斎付は七三人しかなかった。だが、同時に聞理は、御斎直前の御日中後の宝物弘通には「群参」であったと記している。御日中の読経と宝物開帳まで連なり、御斎の前に退座したものが多数いたのである。タコはもちろん売るために捕っているのであるが、大漁であれば少しは自分たちも食べる。報恩講の御斎には、いくら何でもタコは出ない。

まして、魚食を理由に寺院講を離脱した聞理のこと、タコは絶対出さない（夏、大法講の項参照）。漁師達は御斎に付かずに、前日大漁のタコを食べに戻ったのである。もちろん、浜では大漁のあと始末も色々とある。その仕事もあったのだろう。もっとも、浜の仕事も朝からありながら、御日中の法座と宝物弘通の説教だけには連なるということは、やはりまだかなり熱心だと言うことも出来よう。

もっとも、朝から船で海に出るタコ漁の方はともかく、定置しておいた引き網に鰯が掛かったなどの情報が浜から入ると、たとえ報恩講二十七日御逮夜法要の、御日中読経中でも浜に飛び出していってしまう。安政五年（一八五八）の十一月二十七日の記事に、聞理は「御日中御経中、引網するとて村方の者下向《げこう》する」とあり「イワシ少々有之《これあり》候よし」と記したあと、「残念之事」と書いた。聞理が残念がっているのは、もちろん鰯の量ではない。読経中に同行が浜に戻っていってしまったことである。それでも、まだこの年には斎に残った参詣者は一〇一人もいた。タコ漁の本格化は、やはり報恩講御逮夜参詣斎付者数が減少した確実な一因であった。

御満座法座　さて、御逮夜の参詣斎付人数が幕末が近づくにつれ、急に減少した背景をあれこれと探っていたために、だいぶ遠回りしてしまった。元に戻って報恩講の最終日、二十八日御満座法要について見てみよう。

御満座の法要は御逮夜に比べ、あっさりとしている。記述自体が余りに簡略すぎて容易に見えないのだが、それでも全部の年を見ると一応の形はわかる。まず、法座はいわゆる「おさらい」法要で、阿弥陀経などの読経が中心。御日中の法座で終了するが、読経の前に法談が一～二座、年によっては読経後にも一～二座おこなわれる。節談ではなく通常の説教のようであるが、方隆などの寺僧化した「客僧」もおこなうことがある。最後の締めは現住職と決まっている。御日中後の御斎はなく、御堂での参詣だけであるが、かなりの同行が毎年御堂参りをして、法座に連なっていることが、「群参」「参詣堂に満つ」などの記述が多いことから推定できる。角田の同行だけでなく、松山・松野尾など、在方からも特に遠方でないところからは来ている。もちろん、安政元年（一八五四）の「大風雨」など、天候の悪いときには在方からは来ていない。

ともあれ、説教に喜んだり、御斎に満足したりの報恩講参詣者も、静かな法座で気持ちを締めくくるのである。

若衆講

報恩講本座の法座は御満座で終了するが、同行の若衆達はこの日の晩に独自の若衆講というものを、寺僧からなかば独立して執行している。

若衆講は、願正寺の御堂で執行するのであるが、住職の勤めは少ない。ただ、老院歓理健在で、聞理自身が二十四歳の「若衆」であった弘化三年などには、聞理は新発意として勤めており、「斎付八拾人位」などの記載もある。この人数は、願正寺の角田同行や近在の在方同行の中で、「若衆」、つまり戸主ではなく、一定の年齢層に達している若者の内、職人として出稼ぎに出ている者を除いた者のほとんどであり、二十八日晩には毎年ほぼこの数の若衆が参集していたようである。もっとも、大雪の文久三年には、天気は晴れたもののわずか一七人の斎付しかなかった。村の雪道付けなどに出るのはまさに若者の仕事、とても法座などに出ていられる状況ではなかった。

「若衆講」については、春正月、二十八日講と若衆講の項で記したように、嘉永二年に再興されたもので、毎年正月二十八日晩にも、独自に御講を開いていた。

ところで、若衆の集まりというとよく起こるのが喧嘩である。真宗の同行と言えどもそこはあまり変わらなかったようだ。春正月の若衆講は、報恩講のときと違って酒が入る。嘉永五年の正月、若衆講では「酒狂之上口論」が始まり退散、門前に出てなお激しくなり、とうとう仲介人が出る有様となった。そのため、二月の講席で、今後若衆講では御斎を出さない旨申し渡したが、この報恩講の十一月二十八日に至るまで「詫び入れ」がなかったため、ついに寺側ではこの年、御満座後の若衆講を「延引」、事実上の中止にしてしまった（もっとも翌年には平常通り開いているので、その間に詫び入れがあった模様である）。

この事件の経過は、通常の若衆講は門徒の自主的な運営に任されているものの、寺院本堂で執行されている以上、ある種の監督権・管理権が寺僧側にあったということを示している。

真宗門徒の最大行事報恩講は、この若衆講をもって、本座・門徒講ともすべて終了した。

さてあとは十二月ひと月だけで一年が終わる。十二月はいわば「宴の後」、さすがに一般同行が連なる法要はない。願正寺へ出る労働奉仕も臨時のものの以外は大したものはない。十二月の年中行事で目立つのは、願正寺同行を多く含む角田の職人達が、諸方面から次々と帰ってくることである。

職人の帰郷

春の出稼ぎ旅立ちの項で記したように、三国峠の雪がようやく緩む春彼岸の中日過ぎころ、角田の願正寺同行らこの近辺の真宗門徒の多くは、その家の中で、いわゆる「おじ」(戸主の弟を含み、家を継がない次三男を総称する)を主体に、主として常陸国(主に水戸)、上野国、下野国、また江戸や奥州福島などへと、出稼ぎに旅立っていった。

その彼らが——多くは木挽・大工の職人門徒たちであるが——、十二月になって、大体は上旬から下旬にまたがって、次々と帰ってくるのである。帰路も往路と同様で、通例は三国峠越えである。しかし陰暦のもう十二月、それも下旬のときもある。今なら一月、年によっては二月にかかることさえある。いったいどうやって雪の深い峠を越えてくるのだろうか。もっとも年によっては峠が雪に埋まっているとの情報を得て、信州回りで帰ってくることもある。とくに、江戸からの帰りの者はしばしばそのケースである。峠越えの模様は残念ながら『年中故事』からは窺えないが、最後の一日は、通常、長岡から信濃川を船で二時間程下り、現在の大川津分水と信濃川本流との分岐点辺りで左岸の地蔵堂付近に上がる。そしてそこから五時間ほど歩き、晩遅くなって角田に着くのである。

村に着けば、多くの者は真っ先に「仏参」、つまり御堂参詣をしており、それによって聞理も、その日の内に帰郷の人名をつかんでいる。もっとも、中には御堂参詣をしない者もいて、そんな場合は参詣の者から帰った者の名を聞いている。多くの職人門徒にとって、無事の帰着は、まず、師匠寺安置の御本尊阿弥陀如来と親鸞聖人御影に報告すべき事柄だったのである。

諸方面から三々五々帰ってくるのが通常であるが、嘉永二年の十二月七日のように、諸方面からそれぞれ出立した門徒が途中で合流し、一〇〇人程もが一度にどっと帰ってくることもまれにある。大体は、行った先々ごとに一緒に帰ってくるだけであり、合計の人数も、四、五〇人から七、八〇人位のときが多い。

もっとも、幕末が迫るにつれ、帰らずにそのまま越年し、事実上出稼ぎ先の住人になってしまうケースが徐々に——とりわけ江戸で——増えている。

願正寺の分家である幸左衛門家の倅乙松なども、野州に出稼ぎに行っていたのが江戸へまわり、そこで「唯々相働居《あいはたらきおり》」、ついに江戸に定着してしまう（万延元年十二月）。分家のよしみで寺に時々手伝いに来て貰っていた聞理としては、「不都合之次第」で「困り入」っている。

幕末期の江戸下層市民の急増傾向の背景には、関東農村の荒廃に限らず、こうした越後などからの出稼ぎ職人が定着するという現象もあったのである。

もっとも、郷里を離れて働いていても元気であればよい。ときには出稼ぎ先で死去し、骨となって帰ってくる者もいる。安政六年（一八五九）、角田浜村与四兵衛《よしべえ》（由兵衛）の倅斧吉は、大工として父と一緒に旅稼ぎに出ていたが、上州から江戸へまわったところ、八月六日急病にかかり死去、深川本立院で仮葬式の後、死骨と髻《たぶさ》のみとなって、十五日父親に抱かれて帰国、三十一歳の若さであった（願正寺過去帳・大越家宗門帳）。

職人門徒の帰郷は、出稼ぎ先で得た情報が日本海に面した漁村に伝わる機会でもある。元治元年（一八六四）十一月二十一日、水戸での稼ぎから報恩講前に帰ってきた助次郎《すけじろう》の倅寅蔵《とらぞう》若干十五歳は、翌日参坊し、逸《はや》る胸を押さえながら「水戸大騒動」の話を聞理に語っている。おそらくはこの年三月に筑波に挙兵した尊攘激派天狗党《そんじょうげきはてんぐとう》が、藩内諸生党《しょせいとう》との衝突を繰り返し、武田耕雲斎らが水戸を放棄して西に上る直前の動きを語ったのであろう。

願正寺聞理は、そうした話を含めてかなりの情報を得ており、春正月の年頭挨拶の項でも記したように、世情不穏、公辺不穏と表現して不安がっており、とりあえず、儀礼の省略・簡略などで対応しているのであった（春、年頭挨拶の項参照）。

歳暮礼

職人門徒の次三男らを迎えて、久しぶりににぎやかになった、角田の願正寺同行家族にとって、一年の締めくくりは、大晦日に願正寺の寺僧らが巡回してくることである。年の暮れの挨拶、「歳暮礼」である。この歳暮礼は、正月朔日の年頭挨拶と違って大げさなことはなく、庄屋大越と分家幸左衛門に住職（または新発意）が行き、村を上の方と下の方の二手に分けて、それぞれを一人の伴僧が各家に挨拶にまわるだけであり、大越家と幸左衛門家には屠蘇を徳利一本だけ持参しているが、一般同行の家々には、何も持参していないようである。

この歳暮礼も、大越が忌中のために同行中では中止している年でも、願正寺からは「仏参」ということで、村中をまわっている（嘉永二年）。寺からの年末挨拶回りは、同行にとっては本尊への参詣礼を意味するからである。寺僧らが巡回してくるのを、同行は手を合わせ、静かに送っている。これが一年の終わりの姿である。

臨時信仰行事

親鸞六百回御遠忌

前章まで、春夏秋冬と真宗門徒の信仰生活を追いかけてきた。もちろんそこに、幕末期を迎えての変動を認めることはできるものの、四季の信仰生活として見てきたように、いずれも毎年決まった年中行事的なものであった。だが、そうした恒常的なもの以外にも、何年かに一度、臨時におこなわれる信仰上の行為・行事が多くあり、それがまた、真宗門徒にとって非常に大きな関心事であったりもする。さらに、日本の文化全体から見たとき、そこにも真宗門徒独自の信仰のあり方を見ることができるのである。そこで、以下にはそうした臨時行事の内、とくに大きな事柄について、紙数の許す限り叙述していくことにする（詳しくは拙稿「幕末期真宗門徒の臨時行事」『仏教史研究』三〇参照）。

寺院での親鸞六百回大御遠忌

弘長二年（一二六二）十一月二十八日に歿した親鸞の第六百回大御遠《だいごおん》忌《き》は、大谷本廟《おおたにほんびょう》で嘉永六年（一八五三）に予修を執行したのち、東西両本願寺で、正年の文久元年（一八六一）三月十八日から二十八日までの十一昼夜にわたって執行された。各末寺ではこの本山での御遠忌への門徒の参詣を保障するため、多くは一〜二年引上《いんじょう》して執行する。願正寺では二年引上し、安政六年（一八五九）三月十六日から二十四日までを六百回御遠忌とした。

まず、糯米《もちごめ》二石二斗余りを炊いて餅を搗き、約一万四七〇〇個の「御花束《おけそく》」を用意した。初日の十六日は、「村方不残斎《のこらずとき》」で亭主・女房と、翌日手繰り漁に出る予定の若衆、計三五〇余人もの斎付となった。村内の全真宗戸からほぼ三人近くも出ている勘定である。

御堂参詣と法座聴聞だけでもぎゅうぎゅうであるが、御膳を据える御斎であれば、この人数は五〇坪の本堂座敷にとうてい収まるものではない。そのため、ほぼこの人数があらかじめ予想されたため、「男の斎」「女の斎」と二回に分けて斎を振舞っている。

ただし、「村方不残」といっても日蓮宗は別で、妙光寺との半檀家（複旦那）の家三軒から妙光寺方も招いた以外、日蓮檀徒はほとんど斎付せず、斎に付いた半檀家の日蓮檀徒もだいたいは十八日になってからだった。

十七日と十八日は、今度は村内八つの門徒講単位ごとの、老若男女入り交じっての御斎、従って、顔ぶれは十六日とダブっている。これを敢えておこなっているのは、門徒講が主体となった独自の御遠忌を日程の中に取り入れているためである。これに西遊寺などの、近村の東の門徒も入り交じる。十七日からの御斎は「一斎四十人宛に究、五色染分之札を用意いたし、斎附願出候者には右を渡し、順色を以て呼出し、広間にて斎する」とあって、一日二〇〇人まで用意したことになる。

ごったがえす参詣人の整理に、上納会所《じょうのうかいしょ》係・御堂番《みどうばん》・茶所《ちゃじょ》係などいろいろな係を設け、近村有力旦中《だんちゅう》の倅や村内講頭の者などを頼み、裃《かみしも》姿で勤めさせている。また、参詣人を当て込んだいろいろな露店が門外に立ち並んでいる様子が、「門内売物一切不可入事《はいるべからざること》」という聞理の厳しい制限から、逆に読み取れる。

聞理は、予想される夥しい参詣斎付人数に対応するため、他村の者は願正寺同行のみに厳しく制限したものの、知らずに来た他旦の門徒が斎付を願った場合には、斎が出来るように準備もしていたし、また実際に夥しい数の他旦門徒が来た。法談は九日間連続毎日、一日四座、計三六座も開かれた。二十二日は一般門徒の斎付は終りの予定だったがまだ来るのでやはり出す。二十三日は大逮夜で「境内に余ル」状況、「御伝鈔」二巻を読み法談を一座、二十四日はいよいよ御満座、またもや「群参」、今度は法談ではなく法義・信心の正しい授受を説く「相続」で締めとする。御満座の翌日はおさらい法座一座のあと、躍《おど》り一色である。「近村より罷出《まかりいで》境内に余る」ほど「実に大群」で、「鶏明迄賑々《けいめいまでにぎにぎしく》敷踊り」という夜通しの躍りであった。

遠忌中の参詣者は余りに多すぎ、こまめな聞理もとうとう実数を記すことが出来なかった。だが、用意した「御花束《おけそく》」の数と、その予想人数をはるかに越えたこと、十七・十八両日を二〇〇〇人と制限しながらも、十九日以後はそれ以上来た模様であることなどから、弘化四年（一八四七）二月に願正寺で執行した蓮如上人三百五十回御遠忌のときのおよそ二倍、二三〇〇人前後と考えられる。

さて、御遠忌がこれほどの規模で執行され、「御斎之儀は自旦《じだん》限り之事」と他派他門の斎付を制限しても、他派（真宗東本願寺派・仏光寺派）他門（願正寺以外の真宗西本願寺派寺院旦那）の者も結局大勢来たということは、一人一人の真宗門徒にとっては、遠忌はこれだけで終わらないことを意味している。実際、『年中故事』に記されているだけでも、願正寺の近隣の真宗寺院（実際には東派の方が倍以上も多いが、記事のあるのはほとんどが願正寺と同じ西派）での六百回御遠忌が二一例も記録されており、その内例えば、安政三年

（一八五六）三月二十一日逮夜から二十八日日中まで、砂子塚長宗寺《すなこづかちょうしゅうじ》（西）で遠忌が執行されるが、そこには、「此間当所同行砂子塚に入替参詣いたし申候」などと記されている。当所同行は角田浜の願正寺同行、砂子塚（分水町砂子塚）は角田浜から道なりに二四キロほども南へ上った村で、往復だけでもたっぷり一日かけての参詣であり、斎に付いた者の多くは宿泊したはずである（願正寺での平常の報恩講のさいにも、遠方の門徒は斎付後宿泊している）。

また、翌安政四年六月二十五日の逮夜から七月二日までは、並木源昌寺《なみきげんしょうじ》（西）で遠忌が執行されるが、そこでも、二十六日から「当村同行日々並木に参詣スル、七月朔日《ついたち》迄老若男女凡《およそ》三百人程参、不残《のこらず》斎付」と記されている。並木は角田から東南へ道なりに一一キロほどの村、間に十数か村はある。江戸期の民にとっては近在の部類であろうが、斎付をすればそれでもまる一日の参詣となる。並木源昌寺の同行は角田にはいないから、「当村同行」はもちろん願正寺の同行、村内の願正寺同行は九七戸であるから、ほぼ全戸から三人強が三里ほどの道のりを歩き、入れ替わり立ち代わり参詣・斎付したことになる。

また、安政五年（一八五八）六月二十五日の逮夜から七月一日の日中までは、並木の一つ手前、馬堀の長光寺（西）で遠忌が執行され、二十六日には「今日ヨリ馬堀へ村方同行追々参詣スル」とある。

また七月二十三日逮夜から二十八日までは、並木につづく村、角田から一三キロほどの佐渡山教願寺（西）でも遠忌が執行され、これにも「角田同行追々佐渡山へ参詣スル」とある。また「越前浜旦中も間々参」とあって、東派の越前浜西遊寺門徒も参詣している。七月二十七日は「大風」の吹き荒れた日であったが、それでも「今日も佐渡山へ余程参る」と記されている。

以上四例のうち、並木源昌寺・馬堀長光寺・佐渡山教願寺は願正寺の法中《ほっちゅう》寺院もしくは親類寺院であり、願正寺も出勤して読経・法談しているため、願正寺同行の参詣の動向をも詳しく書き留めたものであるが、ここに越前浜西遊寺の門徒も参詣していることや、願正寺での遠忌に近村の東派の門徒も多く参詣していることをあわせ考えれば、角田の願正寺同行は、これ以外の、願正寺の寺僧の勤めがなかったために『年中故事』に記録されなかった東派寺院・仏光寺派寺院での遠忌にも、数多く参詣したことが類推される。

以上のように、文久元年を迎えるころ、親鸞六百回御遠忌にさいして、蒲原の真宗門徒は、師匠寺や近村の真宗寺院での遠忌にはもちろん、遠く離れた真宗寺院の遠忌にも、一戸から何人もが、何度も参詣・斎付しては法座に連なり、法談を聞いていたのである。

在家での御遠忌

親鸞六百回大御遠忌は、さらに在家でも徹底的に執行された。蓮如上人三百五十回御遠忌のときにも在家での遠忌はあったが、それは、松野尾山本仁右衛門家と角田浜の与左衛門家だけであった。

『年中故事』には、安政五年（一八五八）八月二十一日と二十二日の二日間にわたって執行された西遊寺同行である角田の治左衛門宅での遠忌に始まって、文久三年（一八六三）三月十八日から二十日まで三日間にわたった木戸道場（寺院ではなく、宗門帳の上では在家の扱い）に至るまで、実に三一例もの在家遠忌が記録されている。このうち、六例は治左衛門や木戸道場など願正寺同行以外の門徒で、残る二五例がすべて願正寺の同行宅での執行である。この二五例のうち、一三例が角田浜以外の、五ヶ浜と在方同行による在家遠忌で、一二例が角田浜村内同行の在家遠忌である。

角田浜村内一二例の執行状況を見ると、万延元年（一八六〇）七月十八日〜十九日の与左衛門宅だけがやや早い例で、同年十一月十二日の八兵衛宅から十二月十三日の平左衛門宅まで七軒で間断を置かず執行、さらに年が開けて万延二年（文久元年）正月十四日の幸左衛門宅から同月二十四日の大越氏宅まで四軒で相次いで執行している。

このうち、最初の与左衛門だけは蓮如遠忌のときと同様に、一軒だけで執行したようであるが、他の一一例はいずれも、講仲間や近隣の家と臨時の遠忌組合を作って執行している。その内、七右衛門宅での執行例だけは、「最寄同行申合」とのみ記され、誰が組合として寄り集まったかが記されていないが、他の一〇例はいずれも御座を開いた家に組合として連なった者の名前（屋号）までが記してある。それによると名前のわかる一〇例だけで、合計九三軒（御座の家一〇軒を含む）が確認される。この時期の角田浜村内の願正寺同行は九七軒であり、七右衛門家に組合として連なった家が記されていないこと、一軒に七軒から一三軒位が組合として連なっていることなどから、角田浜村内の願正寺同行のすべてが、誰かの家で、在家遠忌の執行主宰者（師匠寺の院主招請者）側に、臨時の組合として連なったことが判明する。

さらに、在家遠忌に参列している者は、御座の家の者と「組合」として主催者側に連なった同行だけではない。万延二（文久元）年一月二十日の七右衛門宅では「日柄宜敷《よろしく》群参、他村より夥《おびただしく》敷参詣」とあり、さらに同月二十三日の庄屋大越氏宅での遠忌でも「実に今日大群参」という状況であった。在家での遠忌にも夥しいほどの門徒が、今日はあちらの家へ明日はこちらの家へと、群をなして参詣しているのである。

一方角田浜村以外の願正寺同行の在家遠忌一三例は、安政六年（一八五九）一月二十五

日に五ヶ浜の七兵衛宅で執行されたのが手始めで、同年七月十八日から二十日まで曾和《そわ》の道場、万延元年（一八六〇）七月一日から二日まで馬堀の藤左衛門《とうざえもん》宅と、ぼちぼち執行され、角田の同行の在家遠忌が一通り済むと、文久元年（一八六一）七月一日から二日に丸山と北山の同行が合同で執行、そのあと升潟《ますかた》・馬堀・中郷屋と順に同年八月まで続き、さらに、同年十一月泉村、文久二年には五ヶ浜（源左衛門・佐五右衛門）・東汰上《よりあげ》・折戸《おりと》・松野尾などで次々に執行され、文久三年に寄居で執行されて在方同行の在家遠忌が終了する。

この在方同行の在家遠忌でも、例えば、安政六年（一八五九）七月十八日から二十日の曾和道場では「今日ヨリ村方同行在方旦中モ追々参詣斎附」とあり、また文久二年（一八六二）二月十二日から十三日の五ヶ浜源左衛門宅での遠忌には、「角田ヨリ余程参詣スル、角海ヨリモ参ル」とあり、同年五月二十九日から六月一日の東汰上六郎兵衛宅での遠忌にも「角田より大勢参ル」とある。さらに、同年十月十九日から二十日にかけて執行された松野尾の彦右衛門宅では、まず十九日に「実に群参、屋敷余り過半下向する」と、参詣者の半数以上が屋敷に入りきれずに帰ったと記され、翌二十日も「早朝より参詣、掛出致候得共中々屋敷に余る程之事」とある。「掛出致候得共」とは、屋敷外部に筵《むしろ》などを敷いたがという意味であり、それでも入りきれないほどであったというのである。彦右衛門家は仁右衛門家と並んで松野尾村の組頭で地主大家であり、相当広い屋敷であったはずであり、そこにも二日にわたって溢れんばかりの参詣者が来たのである。

以上から、在家での遠忌にも、村の者に限らず、他村からも参詣者が集まってきていることが判る。自分が組合として連なった在家での遠忌に参集するのはもちろんのこと、御遠忌があるとさえ聞けば、村内はおろか、遠くの村の在家遠忌にも、何回でも参詣する門徒がかなりの数にのぼっているのである。

真宗優勢地帯としての蒲原平野一帯では、安政三年（一八五六）ごろの寺院での遠忌に始まり、文久二年（一八六二）ごろの在家での遠忌に至るまで、多くの門徒がこうした親鸞六百回御遠忌一色に沸き立っていたと言ってよい状況にあった。

御真影様御迎と重い勤め

さて、在家遠忌の内容で注目しておくべきことがいくつかある。

まず、「御真影様《ごしんねいさま》御迎《おむかえ》」として、遠忌執行に先立って願正寺の親鸞絵像掛軸を、招請者である同行（一家の主）が人足とともに迎えに来ることである。そのさい、主立った同行たちが裃姿で迎え、願正寺聞理や弟興麟もしくは伴僧などが「御真影様」を奉供し、迎え人足を「侍《さむらい》」に仕立て（不足の場合は寺から補充する、あわせて三〜七人程度）、御厨子や仏具・長柄・先箱などの諸道具を持たせ、高張提灯などで「賑々敷《にぎにぎしく》」迎えるのである。御座までの道はあらかじめきれいに「道拵《みちごしらえ》」され、「鍬型《くわがた》盛砂《もりすな》」が盛られる。この「鍬型盛砂」は、一般には貴人を迎えるときなどに道脇に盛られる砂盛りであるが、ここでは「御真影様」を迎えるためにわざわざ拵えているのである。

勤めは、一般によく知られたものとしては、正信偈《しょうしんげ》や和讃《わさん》の三首引きや六首引き、また恩徳讃《おんどくさん》などがあるが、全体として、例えば、讃《さん》・鐃鈸《にょうばち》・勧請《かんじょう》・十二礼《じゅうにらい》・八句念仏《はっくねんぶつ》・恩徳讃・回向《えこう》、あるいは、賛・鐃鈸・三敬礼《さんきょうらい》・対揚《たいよう》・勧請・文賛《ぶんさん》・十方念仏《じっぽうねんぶつ》・我等句《われらく》・略回向、さらには、伽陀《かだ》・鐃鈸・勧請・観経《かんぎょう》・念仏・恩徳讃・回向等の形式で、今日では勤められることもない、かなり重い勤めを要請している。ここで、鐃鈸《にょうばち》は鐃《にょう》（銅鐸）と鈸《ばち》（シンバル状の打物）を打ち鳴らすこと、勧請《かんじょう》は如来諸仏の来臨を要請する文を読誦《どくじゅ》すること、三敬礼《さんきょうらい》は阿弥陀如来・勢至菩薩・慈敬大師《じきょうだいし》（法然）に対する報謝の意を込めた敬礼文《きょうらいもん》を諷誦《ふじゅ》すること、対揚《たいよう》は対告衆《たいごうしゅ》（阿弥陀経の舎利弗《しゃりほつ》、観無量寿経の阿難《あなん》・韋提希《いだいけ》など、釈尊が説法した時、特に名を呼んで相手とした人）が、阿弥陀如来の徳を称揚《しょうよう》する意を込めた文を読誦すること、伽陀《かだ》は偈文《げもん》の一種で曲譜をつけて諷誦するものであるがここで何が詠われたかは不明、観経は観無量寿経の略で、釈尊が晩年に自力聖道の者を他力念仏に帰せんがため、阿難と韋提希を相手に説いたもの（なお十二礼・八句念仏・略回向については在家での御遠忌は、この重い勤めの上に、何回も節談説教が語られているのが大きな特徴である。法談の座数はまちまちであるが、一日の場合は三座から四座、多くは二日間にわたり七座前後が最も多く、九座も法談がもたれた事例もある。この法談の多くは節談説教である。門徒の楽しみは、ここでも御斎とともに法談に集中している。

法談はきわめて多種多様であった。前述したように『年中故事』中には法談の題名がほとんど記されていないが、四季の各節でたびたび紹介した『祖師聖人御一代記』であれば、在家の遠忌などでも演じられたであろうことは十分に想像できるので、ここでは『御一代記』のなかから、親鸞の御遠忌にふさわしい箇所、親鸞最期の場面について紹介するとともに、そのなかに見られる『御一代記』独特の「不審」の提起について検討したい。

祖師聖人御一代記
親鸞最期の場面

引用は、『御一代記』のラスト、親鸞の念仏の息が絶えた、その直後の段である。

時に御往生は、弘長二年壬戌《みずのえいぬ》の十一月二十八日午《うま》の時とある。九つ時、浄土へお帰りなされた。御臨終も間近くなれば、異香芬郁《いきようふんいく》として室内に薫《くん》じわたり、白道《びやくどう》の光《こう》明《みよう》、布を引きたやうに西の方より輝き来たり。夜に入りても御禅房は昼の如くでありた。

それについて、此処《ここ》に一つの不審のあるは、御往生の時、さほど奇瑞《きずい》不思議の在《まし》たことを、御伝《ごでん》にはなぜ載せ給はぬぞ。すでに三河国浄土宗西山流《せいざんりゅう》法蔵寺の伝記、弘長二年仲冬下旬八日、行年九十歳にして種々の霊異《りょうい》を顕《あら》はし、往生を遂げ給へ(ひ)きと、かように他流の伝記までにも、御開山御臨終の奇瑞の有りた事をぬせ(載)ておきた。

然《しか》るに肝心の御家の御伝にその御沙汰の無へ(ひ)はどうぞと言ふに、是は略伝と申して肝要の事ばかりを記し給へ(ひ)て、その余は皆略なされた。それ故、結文《けつぶん》に奇特《きとく》これ多しといへども、羅縷《らる》に遑《いとま》あらず。しかして是を略する所なりと仰せられて、肝要の事ばかりで、御臨終の不思議などは略なされたものぢや。いや、そうではあれども、御往生の時不思議の霊相《れいそう》を顕《あら》はしたは、御伝の肝要のありそうなもの、何《いず》れの僧伝《そうでん》にも臨終に奇瑞があればそれを挙げてその人の徳を知らす。今も聖人の御徳を誉め給はば、是が第一でありそうなものぢやが、いかに。根を押してみるに、総じて、余《よ》の僧伝はただその人一人の徳を挙げて示す。今の御伝《ごでん》は、とかく御門下の信心に決定《けつじょう》のたよりとなることを所詮となされたもの故、奇特不思議のことは肝要となされた(なされなんだ)。別して聖人は下根《げこん》往生の実機《じっき》を標《ひょう》し給へ(ひ)て、大権の光を蔵《かく》し、凡夫《ぼんぷ》の屋《おく》に交りての御化導《ごけどう》故、殊勝《しゅしょう》らしへ(ひ)事は表にあらはし給はず、今日の在家愚痴《ぐちむち》無智の者に類同して、凡夫女人《にょにん》の疑へ(ひ)をはらして下さるゝ。喩《たと》へば昔の聖人達でも、夷《えびす》国に入りては夷《えびす》の言葉習へ(ひ)給へ、裸国に入りては裸になられた。それで、その所の者が合点して教へを受けた。祖師聖人御一代の御行状《ごぎょうじょう》は、直《じか》に末代の我等が行状を習はせられ、在家御往生の御先達と成りて下された。それ故、覚如《かくにょ》上人その思し召しを深く悟らせられて、御臨終の奇瑞をわざと略して、ぬせ(載)給はなんだ。もとより権化《ごんけ》の御開山《ごかいさん》、火に煙の添ふ如く、自然の御奇瑞はさあるべきことなれども、それを略なさるゝ御心は、臨終奇瑞の有る無しにはよらぬぞ、ただ信心決定《しんじんけつじょう》が肝要ぞと、御知らせなされたものぢやぞへ(ひの)ぬふ。

奇瑞不思議の無い不思議

ここで説教者が問題としているのは、臨終における奇瑞不思議が「御伝鈔」に記載されていないという問題である。たしかに「御伝鈔」には親鸞臨終における奇瑞不思議の類は一切記されていない。

しかうしておなじき第八日午の時、頭北面西右脇に臥したまひて、つひに念仏の息絶え終はりぬ。ときに頽齢《たいれい》九旬にみちたまふ。

とあるだけであり、あとは葬儀の場所と様子が続いて記されているだけである。

説教台本作者およびこれを演ずる説教者は、このあまりにもあっさりとした記述に「不審」を抱き、その意味について自問自答しているのである。

四季、春の太子講で詳しく紹介したように、願正寺などで頻繁に節談説教の演題に上った「中将姫」などでは、ここぞとばかりに、臨終に際しての奇瑞不思議が語られていた。そうしたものを同行の前でさんざん演じていた説教者にしてみれば、一番肝心の親鸞の臨終に奇瑞不思議が語られないのは、それこそ不思議なことであったろう。聴聞の同行にしてもそれは同様であったはずであり、そのため、自問自答が説教として語られるのである。「不審」に対する自答の一つは、「御伝鈔」が「略伝」であり、「肝要」のことばかり記して奇瑞不思議の類は略したのだと解することであった。だがこの自答にも「いや、そうではあれども」となお納得できないものが残り、臨終に際しての奇瑞不思議は、「御伝鈔」にとっても肝要の部類に入るのではないかと、自問を重ねているのである。

そしてこの第二の自問に対し、よくよく考えてみると、として、他の一般高僧伝の場合はその徳を称えるのが目的であるために奇瑞を欠かせないのであるが、聖人の「御伝鈔」は、門徒の信心決定のたよりとなることを大切な法語としたもので、そのために奇瑞不思議のことは肝要とは考えなかったのだと自答。さらに、聖人が御化導されたのは下根凡夫のためにこそであったのだから、聖人の御行状を語るには、我等凡夫の行状をまねて語ることで、在家の者が往生する先達となられたのである、だから覚如上人は御臨終の奇瑞をわざと省略して載せなかったのだ、と凡夫往生のたよりのためという、きわめて真宗らしい結論を導き出し、末尾に、浄土への往生は臨終奇瑞の有る無しによらない、信心決定こそが肝要であるというお知らせだったのだと、演者も納得、聴衆も納得するであろう結論を語って、この長い『祖師聖人御一代記』を終わっているのである。

説教者の動揺と聴衆の疑問

この自問自答に自ずと表れた説教者の動揺、したがってまた多くの聴衆の抱いていた疑問はなかなか興味深い。

第一に、この自問自答は、一般同行はもちろん真宗説教者でさえ、高僧などの臨終に際しての奇瑞や不思議は、それほどに欠かせないものであったということの証左であり、また奇瑞不思議に浄土往生の確信を見出したかったことの反証となっている。

第二に、しかし、自ら納得しうる答えを探る内に、「御伝鈔」は門徒の信心決定のたよりとなることを法語としたものであり、聖人の化導は凡夫のためにこそで、浄土への往生は臨終奇瑞の有る無しによるものではなく、信心決定こそが大切であるとの結論を出したことは、奇瑞を期待しつつも信心決定という大切な一点に辿りつくというのが、当時の一般真宗門徒の平均的信仰意識であったことを、如実に反映している。

だが、この辿りついた近世真宗門徒にとっての大切な一点も、親鸞の思想を基準にした場合には、そこに微妙なズレを見ないわけにはいかない。

すでに春太子講のところで引いたように、「末燈鈔」において親鸞は、「臨終といふことは諸行往生の人にいふべし、いまだ真実の信心をえざるがゆゑなり」と断じ、また「真実信心の行人は摂取不捨のゆゑに正定聚《しょうじょうじゅ》の位に住す、このゆゑに臨終まつことなし、来迎たのむことなし、信心の定まるとき往生また定まるなり」と揺るぎのないものであった。同じく「信心決定」とはいっても、この現生正定聚の信の立場こそが親鸞の到達した信心であった。またそこにこそ、還相《げんそう》回向の救済力を信じて衆生を救おうという、親鸞の大衆への想いがあった。

近世の門徒大衆の多くは、この地点からは遠く離れていた。太子和讃で還相回向を聴き、「松虫鈴虫」和讃で、「一念帰命のあしたより、臨命終《りんみょうじゅう》の夕べまで、南無阿弥陀仏と称ふれば、往生疑ひ無き」と、現生正定聚の信の立場を聴いていたとしても、全体としては浄土を来世と捉え、往生を臨終の問題と捉えたうえで、来世における浄土往生への約定の問題として、「信」を捉えていたのである。

本願寺参詣

死ぬまでに一度は本願寺参詣を

『年中故事』から、本願寺参詣に関する記事をすべて抜き出すと、角田浜から本願寺参詣した門徒が二〇年間に一二八人以上いたことが確認できた（「以上」というのは、「十人余り」といった記事が時折あるためである）。記事中に屋号（代々家名＝当主名）、および当主との続柄が記されている者が一二一人で、その内、宗門帳で追跡して名前を特定できたものが一一九名いた。当時の角田浜の全真宗戸数は一二六戸であるが、一戸から複数の者が参詣している家も多く、戸数で数えると七六戸から参詣者が出ている。

ここで注意を要するのは、この参詣者は『年中故事』二〇年間の記事によるもので、まだ一世代の交替をカバーできる期間ではないという点である。本山での蓮如遠忌と親鸞遠忌という参詣者を多く送り出す年を含んでいたとはいえ、通常の年にも参詣者があるので、一戸の世代交替をカバーできる六〇年間ほどの記録があれば、このほぼ二倍～三倍の参詣者が確認されたと思われる。この数は、年齢・健康の上で参詣可能な真宗門徒の大半であり、ほとんどの真宗門徒が一生に一度は本願寺へと向かったことが推定されるのである。

このように、参詣率はきわめて高率であるが、二〇年間の確定された参詣者の中では、特に船持ちなど村内身分の高い者ほど参詣率が高いことが注目されるが、他方で下層の者でも、参詣者を出した家が多いことも見落とせない事実である。彼らの場合は、水主《かこ》としての漁稼ぎの配分や、上州・水戸・江戸などへ季節稼ぎに行った大工・木挽などの、出稼ぎ収益をつぎ込んでの参詣であったろう。年齢別では五〇歳代前半をピークに四〇代後半から六〇代前半にかなり集中しているが、二〇代前半から四〇代前半までの若い層にも少し見られ、また、六〇歳代後半～八〇歳代前半の高齢層にも各一人ずついる。

女性の参詣とひたすら本願寺

近世の一般の旅から見れば、参詣者の内に女性がかなり目立つのも特徴的な事柄である。名前を特定できた一一九名の内ほぼ半数の五八名が女性であった。年齢別構成では特に若い層に女性が多く、四〇代後半までの間にかなりの人が参詣している。また、その反対に七〇歳代と八〇歳代の二人も共に女性である。女性の参詣に関連して注目すべきは、参詣の旅程日数である。往復最短日数三七日間と準最短日数三八・三九日間の八件四九人のうち、一件四人の男性以外はすべて女性であった。反対に最長日数七九日間と準最長日数七五・七一日間を含め、五七日・五二日・四九日間の長期の旅程はすべて男性である。最短三七日〜三九日というのは、本願寺参詣のみを目指し、わき目も振らずに帰ってきた日数である。全参詣者の約四〇％が、ただ本願寺だけに参詣して帰って来たのであるが、中でも女性は七八％が「ひたすら本願寺」だったのである（途中の善光寺は含まれるが、この善光寺も真宗門徒にとっては親鸞ゆかりの寺院である）。もちろん伊勢などへは参っていない。

男の長旅の事例は、何れも文久元年（一八六一）三月十八日から二十八日に執行された本山での親鸞六百回御遠忌に参詣するためであったが、かりに一一日間の遠忌に全日参詣したのち、さらに御遠忌にちなんで執行された本願寺での能を全日程見ていたとしても、なお長い。おそらくは、他の寺社参詣へと足を延ばしての帰途であろう。とくに文久元年二月三日と二月十七日に出立した者のうち、遅れて四月十三日・二十一日・五月二日に帰着した六人は、熊野参詣から四国参詣まで果たしたのではないかと思われる。男の長旅の場合、弥陀一仏への帰依が希薄になり、他の現世利益信仰を受容した心理状態となっているし、物見遊山の傾向も免れない。全体からみれば少数であるが、長旅の男は七人いた。

真宗戸数一二六戸の角田浜から、わずか二〇年の間に、七六戸一一九人もの者が遙々京へと上って行ったという、この事実は一体何を意味するのか。それは、一日も早く御本山の「御門跡様」に会って「御剃髪《おかみそり》」を受け、法名を授かり、来世における浄土往生の証《あかし》を得たいがためであった。さらにまた、その行動に駆り立てている根底にあったのが、命をただはかなきもの、幻の如きものと捉える観念であった。すなわち、己の一生の終わらぬ内に、浄土往生の証が得たかったのである。もちろん、そのような今生夢幻《こんじょうむげん》の観念が基盤となり、弥陀を頼む信心が、本願寺参詣へと駆り立たせているのは、本願寺門跡をば、浄土往生の確信を与える弥陀の代官として位置づけた、近世本願寺の組織体制にこそあった（拙著『真宗信仰の思想史的研究』）。

本願寺参詣の意味するもの

門徒を本願寺参詣へと駆り立てた動機の根底にあった、人生をただはかなきものと見る見方、今生夢幻の見方は、蓮如御文章の読み聴かせによって、門徒の胸の奥深くに浸透していたものであった。その代表的なものとして、真宗の葬儀で今日でも読まれる「白骨の御文章」をあげることができるが、そこにはつぎのような一節がある。

それ、人間の浮生なる相をつらつら観ずるに、おほよそはかなきものはこの世の始中《しちゅう》終《じゅう》、まぼろしの如くなる一期《いちご》なり。さればいまだ万歳《まんざい》の人身《にんじん》を受けたりといふことを聞かず。一生過ぎやすし。今に至りて誰《たれ》か百年の形体《ぎょうたい》を保つべきや。我や先、人や先、今日とも知らず明日とも知らず、後《おく》れ、先立つ人は、もとの雫《しずく》・すゑの露《つゆ》よりもしげしと言へり、されば朝《あした》には紅顔《こうがん》ありて夕《ゆうべ》には白骨《はっこつ》となれる身なり。……されば人間のはかなきことは老少不定《ろうしょうふじょう》の境《さかい》なれば、誰《たれ》の人もはやく後生の一大事を心にかけて、阿弥陀仏を深く頼み参らせて、念仏申すべきものなり。あなかしこ、あなかしこ。

御文章五帖十六『浄土真宗聖典』（但し一部を漢字に変えた）

また、別の御文章でつぎのようにも説かれている。

それ惟《おもんみ》れば、人間はただ電光朝露《でんこうちょうろ》の夢幻《ゆめまぼろし》のあひだの楽《たのしみ》ぞかし。たとひまた、栄華《えいが》栄《えい》耀《よう》に耽《ふけ》りて、思ふさまの事なりといふとも、それはただ五十年乃至《ないし》百年の内のことなり。もし、ただ今も、無常《むじょう》の風《かぜ》来たりて誘《さそ》ひなば、いかなる病苦にあひてか、むなしくなりなんや。まことに死せんときは、かねて頼みおきつる妻子も財宝も、我が身には一つもあひ添ふことあるべからず。されば死出《しいで》の山路《やまじ》の末、三途《さんず》の大河をば、ただ一人こそ行きなんずれ。

御文章一帖十一『浄土真宗聖典』（同前）

類似の文言は蓮如御文章のなかにまだまだあり、願正寺同行に限らず、近世の真宗門徒はたびたび聴いていたはずであった。

高年齢層の参詣目的の第一は、あきらかに、こうした今生夢幻の人生観を根底にしての、後生における浄土往生の確証を得んがための、御剃髪と法名授受にあった。

だから、若い時に機会を逸し、年老いてようやくその機を得た場合には、わけても浄土往生の確証を得るための必死の参詣となった。嘉永元年（一八四八）二月に出立して本山の蓮如遠忌に連なった仁左衛門家のきよ七十四歳は盲目であったし、安政三年（一八五六）六月四日、女ばかり総勢一六人の一行に加わり、八十一歳の老軀に鞭打って角田を出立した弥右衛門家の母しやんは、無事七月十二日に帰着するが、翌年二月に往生するのである。

＊

真宗門徒の臨時信仰行事には、まだまだ多くの事象がある。蓮如上人の御遠忌もあり、新築の家に御本尊を移す移徙《いし》や、本山御書のお披露目である御紐《おひも》解《と》きなど、真宗門徒ならではの行事がまだまだ多くあるが、紙数が足らずそれらはすべて省略せざるを得ない。

幕末門徒の信仰地平

幕末門徒の苦悩と確信

民衆文化の一翼を担った真宗門徒

幕末を迎えた越後蒲原の地で、願正寺同行などの真宗門徒は、かくも多くの真宗独自の信仰行事を展開していた。それは、彼らにとっては日常の、あるいは何年かに一度はやってくる、ごく当たり前の生活に過ぎなかった。

だがもし、例えば祖先供養とか、神事祭礼とか、あるいは神仏習合の信仰とかの民衆文化を、日本文化の一般的もしくは民俗的な姿と捉える視点から見るならば、ここに展開されていた信仰生活は、それらの「一般的な文化」とは相当に異なった、異質なものであることはもはや疑い得ない事実であろう。だがまた、彼ら真宗門徒の信仰生活も、確実に日本民衆文化の一翼を担うものだったのであり、同時に「一般的な文化」からまったく孤立して展開していたわけでもなかった。とすれば、今まで見てきたような幕末門徒の信仰生活を、日本文化において例外的なものと見る見方は、もはや許されないであろう。

では、彼ら真宗門徒の信仰生活は、幕末思想状況の中で、どのような特質をもったものとして把握されるべきであろうか。以下に、今まで見てきた生活全般の中で、とりわけその信仰意識・思想を中心に、その視点から考察を加え、「日本近代」を迎える時点に位置づけなおしてみよう。

親鸞の思想とそのかき消し

願正寺同行は、例えば節談説教「中将姫」の聴聞に連なることによって、「自ら浄土に生じ、二親仏果《にしんぶつか》に引導せん」として決然と当麻寺に向かう中将姫の姿に接し、還相回向《げんそうえこう》の救済力――いったん浄土に往生した者が、なお苦海に沈む衆生を救うために浄土の世界から現世へと働きかけることについて、弥陀が振り向ける救済力――によって衆生を済度《さいど》せんとする、親鸞の想いを聴き取ることもできたし、また太子講で聴いていた太子和讃の一節にも、還相回向の思想は含まれていた。

また、聞理自身が筆写した『祖師聖人御一代記』のなかには、「我が本願を信ぜよ、我を頼め、罪は何ほど深くとも、必ず助くるに間違ひはせぬと有る御誓を聞いて、疑ひなく信ずるとき、我ら往生は摂取の光明におさめ取り給ひし」という一節があり、親鸞の「信心の定まるとき往生また定まるなり」（「末燈鈔」）と、ほぼ同質の現生正定聚《げんしょうしょうじょうじゅ》の信に接していた。同じ信は、和讃「中将姫」の中でも「一念帰命のあした」からは何時でも信心によって浄土往生が決定《けつじょう》するというように説かれてもいた。

だが、こうした現生正定聚の信への確信や、還相回向の思想による衆生済度への想いも、数多くの説教の中では、ともすればかき消されそうな状況の中にあった。

その「かき消し」の土台となったのが、実は、願正寺同行らを本願寺参詣へと駆り立てたあの人生観、人生をはかなきもの、夢幻の如きものと捉える見方であり、蓮如御文章でしばしば強調された思想であった。前章の末尾で引いた「白骨の御文章」や御文章一帖十一で語られているような、今生夢幻の思想を、近世の真宗門徒はたびたび聴いていた。

この、己の一生を夢幻の如きものと捉える発想の上に、例えば「祖師聖人御一代記」の塩焼き小屋での爺婆への「親鸞の教化」が重なったとき、浄土への往生は即「あの世」の問題とならざるを得ない。否、そうした「あの世」としての浄土という捉え方は、もともと人生を夢幻の如きものと捉える見方に直結するものであり、蓮如御文章それ自体においても明瞭に語られていたのである。先に引いた御文章一帖十一のラスト、「ただ一人こそ行きなんずれ」にすぐ続き、「これによりて、ただ深く願ふべきは後生なり、また頼むべきは弥陀如来なり、信心決定して参るべきは安養の浄土なりと思ふべきなり」とあった。ただたんに「参るべきは安養の浄土」とだけあるのならば、とりわけ「信心決定して」とあるのだから、「安養の浄土」は必ずしもいまだ「あの世」とイコールではない。だが、「人間はただ電光朝露《でんこうちょうろ》の夢幻《ゆめまぼろし》のあひだの楽《たのしみ》」と人生のはかなさ・無常を強調し、「もし、ただ今も、無常の風来たりて」「死せんときは」と不安を募らせ、「死出の山路の末、三途の大河」とまで恐怖感を煽《あお》った後に続くとき、そこに「後生《ごしょう》」の語が媒介となり、この「安養の浄土」は、誰にとっても「あの世」の、死後の世界のこととなるのである。

「浄土」が、このように死後の世界としてしか聞こえてこないように語られていたのであれば、せめてその境目である「死」が苦痛に満ちたものとしてではなく、「浄土」への跳躍台として語られなければならないし、またその瞬間の後に生まれるべき「浄土」こそが、とりわけても美しいものとして、甘美なものとして語られなければ、誰も「浄土」への「往生」を期待したりはしない。古典的な浄土信仰に見られる臨終来迎の物語に耳を傾け、「光」や「音楽」を伴って美しく描かれた「中将姫」のクライマックスなどが、真宗寺院の中でも大歓迎された理由がここにある。実に、蓮如こそが、親鸞の現生正定聚の信を、土台から突き崩していたのである。

自力への偏向と三業帰命説

臨終来迎を期待する思想は、さらに、自力祈願をもってしてでも浄土への往生を確かなものとしようとする傾向を生じ、極端な場合、それは、住蓮房処刑における「首無き胴に数珠を繰り」という、おどろおどろしいまでの表現をとっての、数珠繰り念仏にさえたどりつくのであった。

ただし、この場合、あるべき他力信仰の信のあり方をしょっちゅう聴いている真宗門徒が、そうしたものまで何の疑念無く歓迎したとは思われない。むしろ、他力の教義とは明確にずれるものと感じた同行の方が多かったことと思われる（そのことは、一般門徒のレベルでも、宗義論争が「村方騒々しき」論じられる程の土地柄であったことからも十分想像できる〈拙著『真宗信仰の思想史的研究』第二章第二節参照〉）。ただそれでも、そこは説教の楽しさとして、オーバーな表現をむしろ楽しんでいたのではないだろうか。

ここで、門徒が思想的ズレをどう感じていたかということ以上に、こうした説教が語られる背景には、自力祈願をもってしてでも浄土往生を確かなものとしたいという、彼らの願いが、強いものとしてあったはずだということの方が、門徒の思想的な状況を考える上では重要である。では、その背景とは、どのようなものであったか。

彼らは、幕末の、越後蒲原の真宗門徒である。彼らの世界には、文化文政期（十九世紀初期）に三業惑乱《さんごうわくらん》が伝播して以来、幕末に至るまで、ずっと三業帰命説《さんごうきみょうせつ》に固執していた門徒が多かった。それは惑乱そのものが発生した西本願寺派門徒に限らず、蒲原に広がる東本願寺派門徒や仏光寺派門徒をも巻き込んだ広範囲のものであり、かなり強固なものであった（前掲拙著参照）。

ここで、三業帰命説について少し説明を加えておこう。

広く言って、浄土系の信仰には、捨此往彼《じゃしおうひ》（此岸《しがん》〔人間の世界〕を捨て、彼岸《ひがん》〔仏の世界〕に往く）の願いがその核心にある。したがって、浄土（仏の世界）に生まれんことを願う気持ち（願生《がんしょう》）自体は、浄土信仰の根底にあるものと言ってよい。しかし、弥陀の本願が衆生凡夫の往生にこそあると信ずる立場に立ったとき、往生（浄土に往き・生まれること）は凡夫の側から祈願するべきものではなく、ただ弥陀の本願に摂取せられんことを疑心なく信ずることであり、絶対他力（絶対的な弥陀の救済力）に信順する以外にない。

したがって、念仏（南無阿弥陀仏）はその弥陀の本願に対する報謝の念仏であり、いささかたりとも祈願請求の意を込めることは許されず、その意が含まれることは弥陀に対する信の浅いしるしとされ、欲生正因《よくしょうしょういん》（浄土に生まれんと欲することを往生の正因とする）

の自力的念仏として斥けられることになる。

三業（身《しん》・口《く》・意《い》）帰命説とは、この欲生正因的な念仏をさらに押し進め、実践することを説いたものであり、意として願生する以上、身でも口でも、その立場で礼敬し、称名（口称念仏）しなくてはならないとするものである。欲生正因が自力として排斥される以上、それ以上に、念仏の実践として自力的傾向の強いものが主張されれば、他力を旨とする本願寺の正当的教義から、異安心《いあんじん》（異端説）として排斥されることは当然といえよう。

だが、ここで重要なことは、なぜそのような主張が十九世紀になって生まれ、異安心として排斥されてもなお、幕末まで一般門徒の心を捉えていたのかという問題である。

彼ら、三業帰命説へ固執していた者は、浄土への往生を確かなものとすることを強く願い、そのために、阿弥陀如来に向かって、己の信の強さをどのような行為で示すべきかを考え、信の行における人間の側の主体的・能動的な実践を志向し、称名念仏の中に、浄土往生への強烈な願求《がんきゆう》を込めた、そのような意味での「自力偏向」の者だった（拙論「近世の浄土真宗」『日本の仏教4　近世・近代と仏教』法蔵館）。

この、念仏において人間の主体的実践を求めるあり方は、絶対なる弥陀に対面した、己の人間としての主体性を問うたものであったが、こうした思考のあり方は、広く言えば、封建的な社会の胎内において、人間（一般民衆）が社会（自己の外部）に対して、主体的に働きかけて実際に変わり得るような事柄、可変的な世界が拡大してきたことの反映であり、真宗門徒にとっては、真宗的思考の枠内で近代の入り口に立つものであった。

また同時に、往生への強烈な願求を込めたこの念仏行は、己の浄土往生こそを問題としたものであるために、そこでは己が浄土に往くこと、すなわち往相の回向にのみに関心が払われ、還相の回向による衆生済度への想いはまったく忘却されていた。

住蓮房処刑における数珠繰り念仏のような説教が語られる背景には、自力祈願をもってしてでも浄土往生を確かなものとしたいという願いがあったのであるが、蒲原ではそれは、このような三業帰命説として幕末まで強固に展開していたのであった。

人間の主体性とあの世とこの世

先に見たように、多くの説教と蓮如御文章のトーンでは、往《ゆ》きて生まれるべき浄土は、ほとんど「あの世」であった。それはまた、現生《げんしょう》、「この世」における人生をただはかなきもの、夢《ゆめまぼろし》幻の如きものと捉える見方に直結していた。もしも三業帰命説のような、浄土往生への願求を強烈に込めた念仏実践の上に、このような「浄土＝あの世」観が重ねられればどうなるか。そこにおいては、浄土への強烈な願求さえもが、「仏となる」ことを目指したものではなく、況《いわ》んや親鸞が涅槃経から引いて強調した「一切衆生悉有仏性《いっさいしゅじょうしつうぶっしょう》」というような、人間の中に仏となりゆく性質のあることを信じて生きようとするものではまったくなくなっていくのである。だが、実は三業帰命説に見られた人間の主体性へのこだわりは、一方で、こうした「浄土＝あの世」観を、単純には受容できない思想的地点にすでに到達していた。

ただ信順することのみを求める絶対なる弥陀に対し、己の信の積極性・主体性を念仏の実践で示そうとする三業固執の者は、人間の主体性にこだわっていた以上、この世の人生それ自体にも積極的な意義を見いだしたいと考えていたといってよいであろう。そのような思考においては、人生をただはかなきもの、夢幻の如きものとして詠嘆的に否定する蓮如御文章のトーンには納得のいかないものを感じ、また生への積極性を押さえられたような、抑圧的なものを感じていたと思われる。

すでに化政期の惑乱以前、十八世紀中頃において、京都本山の膝元や各地の真宗門徒の間に、「土蔵秘事」とか「隠し念仏」とか呼ばれていた真宗異端があったが、彼らの中にも現生正定聚への想いはあった。

例えば宝暦期（一七五〇年代）の「土蔵秘事」（京都）においては、

此《これ》より極楽の弥陀を呼び出す事にて候へは、助け玉へと唱ふ行をつとめ申さるべく候、助け玉への声ゆき届時、仏の御助けに預かることにて候。仏の願行を此方へもらひ候ことなれば苦痛のこともあるべく候。（中略）助け玉へと唱候へは、此息は如来の方へ通し申候と教候て、文治諸《もろ》とも声高に助け玉へと五六十遍斗《ばかり》唱へ申し候へは……

「宝暦寛政秘事記録並仙府捨邪帰正案」『日本庶民生活史料集成』第十八巻

とあるように、「助け玉へ」と声高に唱えるこの特異な行は、弥陀と対面・直結して、今この時点での助けを確実に得たいがためのものであった。それは、親鸞の現生正定聚の信とは異質なものであるにせよ、この現生、この世においての助け、浄土往生の確証が得たいがための悲痛な叫びであったことには違いない。

また、続く明和期（一七六〇年代）の「隠し念仏」（江戸）においては、

我々が習ひ伝ふる所は、同じ事を来る日も〳〵聴聞し給ふ事にはあらず、法を求むる心だに深ければ、今此たちどころにおいて、正定聚不退転などいふ、いとめでたき位を得て、先立ち給ふ父母兄弟、悲し悲しと思ふ幼きものゝ未来の居所までも、明らかに見そなはし、その身に大悲を起こすこと、釈迦・弥陀に異ならず。

「庫裡法門記」『日本思想大系』17（ただし一部表記を改めた）

とあり、明瞭に「今此たちどころにおいて、正定聚不退転などいふ、いとめでたき位を

得」と現生正定聚の信への欲求が語られていた。しかも、それが「同じ事を来る日もく聴聞し給ふ事にはあらず」と、あきらかに、本書で見てきたような本願寺体制下の真宗門徒の、幕末に参詣者が減少し始めたあの報恩講に表れたような、決まりきった定型的な説教聴聞のありかたに対して批判が加えられてのことであり、日頃の制度的な説教の中には現生正定聚の信が見られないことに対する不満があったことが窺えるのである。

さらに注目すべきは、正定聚不退転の位を得た結果可能なこととして、「悲し悲しと思ふ幼きものゝ未来の居所までも明らかに見そなはし、その身に大悲を起こすこと、釈迦・弥陀に異ならず」と語られていたことであり、還相回向の救済力によって衆生を済度しようとする親鸞の想いに共通するものさえ表明されていることである。

蒲原門徒の苦悩

このようにみてくると、蒲原においてかなりの門徒が三業帰命説に共鳴し、幕末まで固執していたよりずっと前に、京本山の周辺や江戸などにおいては、「あの世」での救済を求めるのではなく、「この世」において直ちに救済されることを求めて念仏の実践に入っていた者たちがいたことが分かる。「この世」での救済を求めた彼らの思考の中には、この世の人生をただ夢幻の如きはかなきものと見て、あの世での浄土往生を期待するような信のあり方とは、明らかに異なったものがある。それは、三業帰命説に見られるほどの、人間の主体性を強く求めたものではないにせよ、明らかにそうした方向に向かっての信の発露であった。

してみれば、幕末蒲原の願正寺同行らは、すでに歴史の中に、こうした真宗門徒の切実な信仰の声を蓄積した上にいたのであった。すなわち、彼らは、現生正定聚への叫びと還相回向による衆生済度への想いとを、共に異端として排除し、念仏の主体的実践をも抑圧した体制の中で、見てきたような多様な説教を聴聞していたのである。

その多様な説教の中には、確かに現生正定聚の信に対する確信と、還相回向による衆生済度への想いも含まれてはいた。だが、和讃の読誦などで聴くこともあったそのような親鸞の思想も、蓮如御文章に代表されるような今生夢幻の思想と「浄土＝あの世」観によって、ほとんどかき消されていた。そのようなもとでは、親鸞が説いた他力の信が、弥陀への信順として強調されればされるほど、その他力の信は、人間としてこの世に生きることに喜びを見出すことを排除する方向に機能せざるを得なかったであろう。

言ってみれば、近代を迎える中で、人間としてこの世を主体的・積極的に生きる志向を背景として、本来は胸中に高まってきていたはずであった、現生正定聚の信と還相回向による衆生済度を求める思想が、すでに体制として抑圧されていた上に、日頃の蓮如御文章の読み聴かせによって土台からすくわれ、さらに彼ら自身が歓迎した節談説教の涙と笑いによって、大きく封じ込められてしまっていたのであった。

そのような複雑な信を抱えていた幕末の門徒は、絶えず本願寺の制度的な信仰のあり方から離脱する要素を内包しつつ、面白可笑しい説教を楽しむことによって、つまりはますます親鸞から思想的に遠のきつつ、末寺を通じて教団体制を支えていたのであった。もちろん、その支えは、本山への喜捨が説教者へ投じられた賽銭より、はるかに少なかったことに表れているように、決して積極的な支えではなかったし、教団への帰属意識は親鸞への崇敬の念に比べればはるかに弱かったと言えよう。また、そうしたときに本山が旅説教者締め出しの統制を強化して、本格的な旅説教者による節談説教が聞けなくなったことは、ますます本山に対する不満を募らせていったものと思われる。

蒲原門徒の確信　幕末の親鸞遠忌はそのような信仰への想いが複雑に交差していたときの熱狂であった。思想の内容としては親鸞から遠のいていたとしても、主観的には親鸞への思いは強固であった。角田の同行は、タコ漁の本格化とともに、定型的な寺での報恩講には徐々に熱心でなくなっていったが、同行たちが企画して自由な説教を聴聞できる在家での御遠忌には驚くほど夢中になった。今日はあちらの御座に、明日はこちらの御座にと、一般門徒の家で執行された説教に連なった同行は、旅説教者を迎えたわけではなかったが、なによりも定例の決まりきった報恩講では聞くことができない、親鸞にまつわる、あることないこと含めたエピソード的な、説教者十八番の説教に連なっては楽しんでいたのである。

だから、この主観における確信に満ちた親鸞への崇敬・傾斜においては、例えば和讃によって還相回向への賛美や現生正定聚の信に触れたフレーズに接すれば、胸中に封じ込められていた信に目覚める可能性さえも、なお一方であったのである。

あらたな宗教情勢の中で

幕末民衆宗教の意味

ここで、親鸞の還相回向による衆生済度への想いや、現生正定聚の信といった類の宗教思想が、近代移行期に新たな意味を持って立ち表れてきていたのは、実は真宗の世界だけでのことではないことに注目したい。現生での救いこそを求める傾向は、浄土への信仰を深く抱いていた人々の間でも、すでに近世の中後期から、人間としてこの世を積極的に生きたいと願う傾向の増大を一般的背景として、広範囲の人々の間に生じていたものであったし、また、幕末を迎える頃から、心に深く信心を抱いていたかなりの人々の間で、何かしらの神威（もしくは仏の不可思議）によって他人を根本から救済することが自己の使命であるとの思いが、共通のものとなっていた。

例えば、幕末と言うにはまだ早い享和年間（十九世紀初頭）に尾張国で、嫏姾如来《りゅうぜんにょらい》きのが、金毘羅信仰を背景にしつつ、あらたに「三界万霊《さんかいばんれい》」の救済を説き、他人の救済を自己救済の前提とした如来教《にょらいきょう》を開教しているし、続く天保期（一八三〇年代）には大和国で、中山みきが、夫婦和合の家族的平等主義的人間観を基礎に、人々に日々の陽気暮らしを勧めながら、神による全世界の救済（世直り）を説く天理教を開教し、さらに安政年間（一八五〇年代）には備中国で赤沢文治《あかざわぶんじ》（金光大神《こんこうだいじん》）が、日柄・方位を司っていた金神を全幅に信頼することによって、懲らしめの神を愛の神へと転換させ、自尊と博愛の人間中心主義をもって現世を生き抜くことを、天地金乃神《てんちかねのかみ》のお告げとして人々に伝えていく金光教《こんこうきょう》を開教していたのである。

幕末民衆宗教と呼称される、この一連の宗教活動が展開された、その背景には、自己をとり巻く人間関係における苦しみを解決したいという私的・現実的な課題を、深まりゆく封建制社会解体の危機に直面するなかで、本質的な人間関係論として捉え返した上で、自己の苦悩の解放を、関わる人々すべての解放に結合させようと思考する、多数の人々がいたのである。彼らは、その全的解放を、それまでの信仰対象・宗教思想に即して、固有の絶対者（如来・神）に帰依することによって成し遂げようとしていた。

教祖となった人々は、こうした一群の人々の中から、とりわけての苦悩ととりわけての信心とを複合的に累積しつつ、激動の時代に特有の力量をもって抜き出てきた人々であり、そこに、類似の思いをもっていた人々が結集したのであった。

彼ら一群の信仰者は、自己の人生の苦を正面から見据え、次々と生起する苦悩を、解決しがたい矛盾や無常としてあきらめることなく、況んや人生それ自体をはかなきものと捉えることを峻拒し、この世での人間の暮らし自体を、安心をもって生き抜く道を探っていたのであった。彼らは、そのなかから、激変する社会の中に等しく生きる他人の苦を、自分の苦と同等の普遍の問題として捉え、解放へのルートを見いだしたとき、なお不完全な自己によっては不可能なその解放への道を、絶対者に帰依し、教祖に導かれることによって、現実に生きる道として獲得したのであった。

国家祭祀への動き

このように、人々の中に新たな信仰を求める声が渦巻いていたとき、その声をも含めた、根本的な世直しを求める動きと、深まる封建制社会崩壊の動きなどを、幕藩体制という国家体制崩壊の危機と捉え、さらに押し寄せる列強の外圧を民族の危機としても捉え、幕藩制国家に変わるべき強力な支配秩序を構想し始めていた、もう一方の人々がいた。

彼らは、こうした民衆世界での宗教的な動きを知れば知るほど危機感を強め、そのあらたな支配秩序の特質に、民衆の中にある多様な宗教意識を統一し得るような強力な宗教性を付与せんとしていたのであった。彼らは、その宗教的特質のカギとして、後期水戸学と平田派国学とを思想的背景とした、あらたな祭祀《さいし》体系の創出を求めていたのであった。

すでに文政八年（一八二五）に、水戸藩では会沢正志斎《あいざわせいしさい》が『新論』を著し、「国体」を論じ、大嘗祭《だいじょうさい》を頂点とする天皇の祭祀権を国家祭祀の中心に据えることを主張していたし、続く藤田東湖《ふじたとうこ》は弘化二年（一八四五）、藩主徳川斉昭《とくがわなりあき》に命じられて著した『弘道館記述義《こうどうかんきじゅつぎ》』において、仏教が民衆の中に深く浸透している現実を深く嘆き、神道的かつ民衆的な祭祀の体系を確立することの急務を説いていた。この東湖の主張は、挫折に終わった水戸藩天保改革の神仏分離・廃仏毀釈政策の、やがての成功を願ってのものであったが、この試みを、後の維新政権が採用したのであった。

また長州藩では、嘉永六年（一八五三）に、藩初からの藩（藩主）に対する殉死者を弔祭していたが、この長州藩の内請と尊王攘夷運動の高まりを受け、孝明天皇《こうめいてんのう》は文久二年（一八六二）八月、幕府に勅文を出し、安政の大獄などによって非業の死を遂げた尊攘派志士を「国事に死に候輩」と位置づけ、彼らの霊魂を召集して祀るよう命じたのであり、以後各地の尊攘派志士や公家たちが、殉難した同志の招魂をさかんにおこなっていくのである。その間、平田派国学者の六人部是香《むとべよしか》は、この招魂祭祀運動を積極的に展開しつつ、安政四年（一八五七）に『産須那社古伝抄《うぶすなしゃこでんしょう》』を著し、鎮守氏神を産須那社として民族的信仰の基本に置くことを主張、地域に根ざした国家的祭祀大系作りを目指していたのであった。角田の熊野祭礼が急速に活発化したのも、こうした背景があってのことだった。

本書で見てきた真宗門徒の信仰生活は、まさしくこのような宗教情勢・社会情勢の中でのことであった。安政三年（一八五六）ごろの寺院での遠忌に始まり、文久二年（一八六二）ごろの在家での遠忌に至るまで、日本各地の真宗地帯で、夥しい数の門徒が親鸞六百回御遠忌に熱中していたころ、一方には、あらたな信仰の世界に入り、この世で自己と他人を解放する道に到達していた人々がおり、他方には、祭祀の国家的編成をもってあらたな支配秩序を構想する人々がいたのである。

独自性の喪失と親鸞追憶の饗宴

真宗門徒の世界では、蓮如御文章によって今生夢幻の人生観に浸らされ、浄土をあの世としか考えられない状況にあって、己の浄土往生のみに報謝するか、もしくはそれを願求するような念仏が広がっていたが、民衆宗教の人々のように（ほとんどの真宗門徒は実際の接触はなかったが）、現生での救いと衆生済度とを心の底に求め、その方向に向かいたい人々も、たしかにいた。

だが、幕末のほぼ最終段階に近い時期の親鸞遠忌では、親鸞和讃や説教でそうした想いに接することがあっても、全体としては、親鸞を偲ぶこの饗宴に、あらたな国家構想者が重視していた祭祀の思想、人を神に祀る祭祀の習俗に近似の信仰意識が流れていたことに注目せざるを得ない。

もちろん、親鸞の「霊魂」を「神」として祀るなどの意識はまったくないし、祭祀習俗と近似の疑似仏教思想である供養の思想さえも、当時の真宗にはきわめて弱かった。彼らの念仏はほとんど専ら自己の浄土往生に向けられていたのであり、供養とはほど遠かった。年回も故人の忌日に合わせた家としての法要ではなく、定日に一地域の同行が集団で寺に上がったり、正月にまとめて巡回してもらうなど、きわめて簡略なものが主流であった。

だが、幕末が近づくにつれ、村落上層を中心に家としての重い法要が徐々に比重を増してきていたし、他ならぬ願正寺聞理による歓理の位牌の作成までみられて他宗派の供養仏教を受け入れる動きも一部に見え始めており、さらに幕末期には干魃とコレラを契機に、雨乞いの習俗や祈禱など、それまでの真宗世界にはまったくなかった民俗信仰さえ、受容する動きが一部に見えていた（拙稿「近世人と宗教」岩波講座『日本通史　近世二』）。

こうした真宗の独自性が崩れていく動きを視野に入れたとき、親鸞追憶の饗宴は、やがて、人を神に祀る習俗の強制が国家意志として覆い被さってくるとき、それを強力にはねのける方向には作用しがたいものを含んでいたと言えるであろう。

それは一言で言えば浄土＝あの世観念であり、その根底に疑似仏教の供養思想を成り立たせている霊魂観念が、無意識的にせよ、形成されていたことである。もちろん、門徒の日常的な信仰行事の中ではなお供養の思想は弱かったが、亡き人を偲ぶことが法要の核に据わっているこの親鸞遠忌では、蓮如御文章のもつ今生夢幻と浄土＝あの世観に煽られ、親鸞に対する報謝の饗宴に熱中する内に、「あの世の親鸞が招く浄土」への期待感がたかまり、ごく緩やかな霊魂観念が真宗門徒に共通のものとして広がっていったのである。

このとき、一方の、祭祀の国家的な編成をもってあらたな支配秩序を構想し始めた人々の宗教意識の根幹に、強力な霊魂観念を核とした固有の来世信仰があったことを見過ごすわけにはいかない。彼ら祭祀論者は、特定の崇拝者の霊魂を神として祀ることを前提に、彼ら祀る側自身も、その神となった者の生き方を範とし、やがてそこに並ぶことを最高の目標としていたのであり、さらにそうした特有の思想を、社会的・国家的規模で押しつけようと企図していたのであった。

もっとも、あらたな国家秩序を構想していた彼らが目指していた、祭主王としての天皇を国家祭祀の頂点に位置づけるような発想の根底にある、無条件の尊王思想は、真宗門徒の中にはなお形成されにくい状況にあった。

報恩講で毎年決まって読み聴かせられていた「御伝鈔」下巻には、かの承元の法難における院・天皇による流罪の決定を、法（仏法＝真理）に背いた行為として厳しく抗議する親鸞の一文があったし、さらに松虫鈴虫和讃などでも、院・天皇らの行為は、念仏を妨害する言いがかりとして描かれていたのであった。そうしたものを諳《そら》んじるほど聴聞していた門徒たちにとって、院・天皇とは、ただそれだけで権威あるような存在などではまったくなく、親鸞や阿弥陀如来、仏法といったものの方がはるかに価値あるものであった。

幕末真宗門徒の日常的な信仰生活における、宗教思想の到達点は、ほぼこういう状況にあったと言えよう。

幕末門徒の信仰課題

近代を迎えるべき時点にいた彼ら真宗門徒の信仰課題は、もはやあきらかになってきた。それは第一に、蓮如御文章的な今生夢幻観、この世の人生をただはかなきものとのみ捉える見方と決別することであり、浄土＝あの世観を克服して親鸞の現生正定聚の信を回復することであった。また第二に、そのことにより、親鸞がかの『教行信証』において、涅槃経から繰り返し強調していた「一切衆生悉有仏性」の思想、すなわち、あらゆる人間大衆は、仏へと成りゆく性質を、己の中に本来的に有しているということに対する、揺るぎない信を樹立することであった。

このことはまた、信仰を、個の信仰として、より深く自己の内面に確立することでもあったが、それはとくに、真宗門徒の世界においては、多彩な独自信仰生活を展開することにより、幕末に至るもなお基本的には転落していなかった、寺檀制度的な「家」の宗教思想に陥ることを防ぐという、重要な意味が含まれていた。そして、そのことにより、すでに周辺からジワジワと拡がって来ていた供養の思想の中にも本来的にある、人への想い、救済への想いを、供養念仏という疑似仏教の思想と同質のものに転化してしまうことによって、祭祀と同質の疑似宗教思想にしてしまうのではなく、真に自己の仏への道を他人の救済へと振り向ける思想、還相回向による衆生済度の思想へと転換させる道を切り開くことであった。

幕末真宗門徒はこうした信仰課題を背負いつつ、あるいは漁に、あるいは田畑に、あるいは出稼ぎに精を出しつつ、門徒講を基礎として頻繁に寺院説教に連なる、重厚な信仰生活を送っていたのであった。

あとがき

明治十五年（一八八二）、新潟県がおこなった「民俗」調査には、角田浜の含まれる西蒲原郡について、「人民多くは真宗にして神を遠ざけ、仏に淫するの風あり」と記されていた（『稿本新潟県史』政治部民俗二）。真宗門徒の信仰の篤さを観察しつつも、それを「淫する」と記し、嫌悪の情をあらわにしているあたり、幕末以来神祇信仰を強化して祭祀の国家的編成を意図してきたグループの思想的立場がよく表れているが、同時に、この時期なお真宗民俗は国家の期待する「民俗」から大きくずれていたことを意味している。その「淫する」ところの内容が、本書で見てきた真宗民俗だったわけである。

書き終えてつくづく思うことは、近世という社会には、信仰というものが漁などの生業のサイクルの中に、不可欠の一部として生きていたという事実の重さと、その信仰の思想史的な意味を多角的に解明する仕事が、まだまだ不足しているということである。

真宗門徒の四季を描きつつ信仰の思想史的意味を検討しようと構想したのは、『年中故事』前編を編集し終えた一九九一年の初春であった。後編の編集をしつつ、二十年間の記事を分解して詳細なノート作りを開始したが、遅々として進まなかった。とくに前任の大学、岡山の山陽学園大学へ赴任してすぐ発病した「特定疾患」との長い付き合いは、仕事の速度をかなり遅くした。途中、吉川弘文館の大岩由明さんのお奨めがあり、本書のスタイルで執筆し始めた。執筆の大半は山陽学園大学に在職中のことであった。病中と教務部長という激務の間を縫って、本書を完成することができたのは、同大学の太田健一先生のお人柄に接し得たところが大きい。また、度重なる調査にいつも快く応対して下さった願正寺の御住職乙山了俊様・御母堂三保子様、漁協を初めとする角田浜の皆様、ならびに新潟での全調査を支えていただいた船戸大原家の皆様には、特に謝意を表したい。

本書を、『年中故事』を最初に全文翻刻された故石山与五栄門氏と、大越家文書や笛木家文書の目録作りなど、蒲原の歴史研究の基礎を築かれた故斉藤順作氏に捧げたい。

一九九九年七月九日、「君が代」「日の丸」の法制化に反対する歴史研究者の会に参加して

奈倉哲三

著者紹介

一九四四年、東京都に生まれる
一九六九年、早稲田大学教育学部卒業
一九七四年、早稲田大学大学院文学研究科修士課程修了
一九八三年、東京都立大学大学院人文科学研究科博士課程満期退学
一九九四～九年三月、山陽学園大学教授
現在、跡見学園女子大学教授

主要著書
真宗信仰の思想史的研究　角田浜願正寺年中故事前編・後編〈共編〉　岡山県の歴史〈共編〉

歴史文化ライブラリー
79

幕末民衆文化異聞
真宗門徒の四季

一九九九年一一月一日　第一刷発行

著者　奈《な》倉《ぐら》哲《てつ》三《ぞう》
発行者　林　英男
発行所　株式会社 吉川弘文館
東京都文京区本郷七丁目二番八号
郵便番号一一三―〇〇三三
電話〇三―三八一三―九一五一〈代表〉
振替口座〇〇一〇〇―五―二四四
印刷＝平文社　製本＝ナショナル製本
装幀＝山崎　登

歴史文化ライブラリー

1996.10

刊行のことば

現今の日本および国際社会は、さまざまな面で大変動の時代を迎えておりますが、近づきつつある二十一世紀は人類史の到達点として、物質的な繁栄のみならず文化や自然・社会環境を謳歌できる平和な社会でなければなりません。しかしながら高度成長・技術革新にともなう急激な変貌は「自己本位な刹那主義」の風潮を生みだし、先人が築いてきた歴史や文化に学ぶ余裕もなく、いまだ明るい人類の将来が展望できていないようにも見えます。このような状況を踏まえ、よりよい二十一世紀社会を築くために、人類誕生から現在に至る「人類の遺産・教訓」としてのあらゆる分野の歴史と文化を「歴史文化ライブラリー」として刊行することといたしました。

小社は、安政四年(一八五七)の創業以来、一貫して歴史学を中心とした専門出版社として書籍を刊行しつづけてまいりました。その経験を生かし、学問成果にもとづいた本叢書を刊行し社会的要請に応えて行きたいと考えております。

現代は、マスメディアが発達した高度情報化社会といわれますが、私どもはあくまでも活字を主体とした出版こそ、ものの本質を考える基礎と信じ、本叢書をとおして社会に訴えてまいりたいと思います。これから生まれでる一冊一冊が、それぞれの読者を知的冒険の旅へと誘い、希望に満ちた人類の未来を構築する糧となれば幸いです。

吉川弘文館

〈オンデマンド版〉
幕末民衆文化異聞
真宗門徒の四季

On Demand
歴史文化ライブラリー
79

2017年（平成29）10月1日　発行

著　者　奈《な》倉《ぐら》哲《てつ》三《ぞう》
発行者　吉川道郎
発行所　株式会社　吉川弘文館
〒113-0033　東京都文京区本郷7丁目2番8号
TEL　03-3813-9151〈代表〉
URL　http://www.yoshikawa-k.co.jp/

印刷・製本　大日本印刷株式会社
装　幀　清水良洋・宮崎萌美

奈倉哲三（1944～）

ISBN978-4-642-75479-8